子どもの心によりそう

保育・教育課程論 改訂版

佐藤哲也 = 編

小山みずえ
小野真喜子
山本淳子
榊原志保
吉次豊見
髙田文子
仲地あやの
梅野和人
田井敦子
石川恵美
布村志保
飯塚恭一郎
井藤 元
大浦佐紀美
鈴木昌世

福村出版

|JCOPY| 〈出版者著作権管理機構 委託出版物〉

本書の無断複写は著作権法上での例外を除き禁じられています。複写される場合は，そのつど事前に，出版者著作権管理機構（電話 03-5244-5088，FAX 03-5244-5089，e-mail: info@jcopy.or.jp）の許諾を得てください。

まえがき

　母親役割をする者にとって最終的な目標とは，育てる子ども（被教育者）が，他者の幸せを喜ぶことができる人間に育つことです。他者の悲しみに共感するだけでは不十分なのです。なぜならば，本当に成熟した人間は，周囲の人々の成功を心の底から祝福できるものだからです。

　本書をはじめとした「子どもの心によりそう」保育シリーズの編者であった鈴木昌世さん（元大阪成蹊大学教授，2016年に帰天）の言葉です。彼女は「母の心」こそ保育を支える基本的心情であると考えていました。太陽のように温かで無条件的に注がれる，すべてを受け入れすべてを許す見返りを求めない「母の心」に包まれて，子どもたちが健やかに育つことを鈴木さんは祈っていました。

　本書の前版『子どもの心によりそう　保育・教育課程論』が刊行されて6年の歳月が流れました。その間，2014年には幼保連携型認定こども園教育・保育要領が告示されました。2015年には子ども・子育て支援新制度がスタート，2017年には幼稚園教育要領・保育所保育指針・幼保連携型認定こども園教育・保育要領が改訂（定）されました。こうした保育を取り巻く新しい動きを踏まえ，読者のみなさまに改訂版をお届けすることになりました。最新情報や新しい実践事例の紹介に加え，教育課程や保育計画にかかわる新しい学術用語（アクティブ・ラーニングやカリキュラム・マネジメントなど）についても解説しています。

　本書の出版にあたっては，鈴木昌世さんの理念に共鳴する多くの研究者・実践者が協力してくださいました。保育の道に進もうとする若き学生たちに勇気や希望を与えたいと願いながら，心を込めて執筆しました。本書をひもとく方々がさまざまなことを学び，保育実践を支える豊かな教養と感性を養い，使命感を深めていってほしいと期待しています。また，現在，子どもとともに保育の道を歩む保育者のみなさまにも，本書を広くご活用いただければ幸いです。

編　者

目 次

1章 保育・教育課程の意義と基礎理論 ⋯⋯⋯⋯⋯⋯⋯⋯⋯ 7
- ① 保育における計画とは　7
- ② 保育の「全体的な計画」　8
- ③ 教育課程・全体的な計画の意義　11
- ④ 教育課程・全体的な計画の編成　14
- ⑤ 全体的な計画と指導計画の関係　18

2章 保育の計画と評価の意義 ⋯⋯⋯⋯⋯⋯⋯⋯⋯⋯⋯⋯⋯ 20
- ① 保育における計画と評価の必要性について　20
- ② 保育における評価とは　20
- ③ 評価の観点　21
- ④ 評価方法　27

3章 PDCA サイクルによる保育の質の向上 ⋯⋯⋯⋯⋯⋯ 34
- ① 保育の質の向上とは　34
- ② 子どもの望ましい成長・発達を目指して　35
- ③ 幼稚園における具体的な事例　38

4章 教育要領と保育指針，教育・保育要領にみる保育の計画 ⋯⋯⋯ 50
- ① 幼稚園教育要領　50
- ② 保育所保育指針　52
- ③ 幼保連携型認定こども園教育・保育要領　53
- ④ 全体的な計画　55
- ⑤ 子ども1人ひとりの健全な成長発達のためにある保育の計画　57
- ⑥ かかわりのなかで育つ子どもと園生活
  　　──個と集団の双方を生かす計画づくり　61
- ⑦ 人をつなげる保育の計画を目指して
  　　──絆づくりのために貢献する計画づくり　62

5章 保育・教育課程と指導計画──母性的な保育者と子どもの主体性 ⋯⋯ 66
- ① 保育の目標の達成　66
- ② 地域の実態，子どもや家庭の現状の把握　67

　　　　　　　　　　　　　　　　　　　　　　　　　　　　　　目　次

　　③　カリキュラム　69
　　④　指導計画における柔軟性と一貫性　72
　　⑤　子どもの主体性を引き出す指導計画　75

6章　指導計画の基本的視座 ……………………………………………… 80
　　①　乳幼児期の発達の特性への理解　80
　　②　発達過程に応じた保育　84
　　③　養護と教育が一体となった保育の展開　86
　　④　情緒的なかかわりのうちに展開される保育　88
　　⑤　指導計画という原理原則と1人ひとりの子どもの実態　89
　　⑥　教育的な環境と教育的な配慮の統合のうちに展開される保育を目指して　91

7章　保育・教育課程の考え方 ……………………………………………… 94
　　①　幼稚園におけるカリキュラム作成のための諸法令　94
　　②　保育所等における保育の計画作成のための諸法令　97
　　③　幼保連携型認定こども園における全体の計画作成のための諸法令　98
　　④　保育の基本としての保育・教育課程　100
　　⑤　理想的な子どもの生活を実現するために　104

8章　指導計画の考え方 …………………………………………………… 107
　　①　指導計画　107
　　②　絶妙な味つけは，保育者の援助と環境の構成　112
　　③　季節・自然とのかかわり　113
　　④　地域の特色を生かして　115
　　⑤　接続期の長期的な指導計画　118
　　⑥　まとめ　121

9章　保育・教育課程の編成と展開 …………………………………… 122
　　①　保育・教育課程における家庭との連携　122
　　②　地域や家庭の実態に相応した保育・教育課程　126

10章　指導計画の作成と展開 ……………………………………………… 131
　　①　指導計画の必要性　131
　　②　指導計画作成のポイント　133
　　③　展開・保育の実際　135
　　④　保育者の予想を超えた展開　140

11章 保育の省察および記録 ················· 146

- ① 保育実践の記録 146
- ② 園児1人ひとりに対する記録 147
- ③ 毎日の保育に対する保育者自身の省察 150
- ④ 省察をとおして育つ保育者 157

12章 保育者および保育施設における自己評価 ········· 160

- ① 法令による評価の公表 160
- ② 自己評価の意義 163
- ③ 保育者の行う自己評価 164
- ④ 各保育施設における自己評価 166
- ⑤ 評価をとおして高め合う保育者を目指して 169

13章 保育の計画の再編成 ················· 170

- ① 教育課程・全体的な計画の改善——意義や方法について 170
- ② 保育の過程の再確認 175
- ③ 子どもの発達に意味のある計画へ向けて 178
- ④ 保育・教育の目標に向けて 182

14章 入園から修了までの生活と発達の連続性をふまえた要録作成
——未来を担う子どもたちの育成 ················· 185

- ① 就学前教育の場としての幼稚園・保育所・認定こども園 185
- ② 幼稚園・保育所と小学校の交流
   ——学校との交流や地域社会との交流のなかで育つもの 192
- ③ 未来を担う子どもたちの育成 194
- ④ 小学校教諭の声から——望ましい幼小の連携について 197

終章 母性的な保育者が育てる平和な心
——普遍的なカリキュラムを目指して ················· 201

- ① 保育における母性の重要さ 201
- ② カリキュラムを実践する保育者 202
- ③ 普遍的なカリキュラムを求めて 204

索 引 208

1章 保育・教育課程の意義と基礎理論

1 保育における計画とは

　幼稚園，保育所，認定こども園は，乳幼児期の子どもを意図的に教育する場である。そこには目的や目標があり，乳幼児期にふさわしい生活を通して，その目的や目標の達成に努める必要がある。しかし，子どもの自由な活動に任せておくだけでは心身の調和のとれた発達を保障することはできない。各園が定める目的や目標に沿って，子どもが乳幼児期にふさわしい体験を積み重ねていけるようにするために，それぞれの時期に必要な内容を明らかにし，計画性のある保育を行うことが求められる。

　乳幼児期の保育は，環境を通して行うことを基本としている。環境を通して行う保育においては，子どもが主体的・能動的に環境に関わり，その子なりに試行錯誤したり考えたりすることを繰り返しながら，自ら発達に必要なものを身に付けていく姿勢を大切にする。それに対して，保育者は，子どもが自らやりたいと思う状況を作り出したり，子どもに経験してほしい内容を環境の中に織り込んだりして間接的に働きかけ，望ましい方向に向かって子どもの発達を促していけるように援助する。つまり，乳幼児期の保育とは保育者が一方的に知識や技能を教え込んだり，保育者のあらかじめ立てた計画の通りにすべての活動を行わせたりするものではない。

　保育における計画は，子どもを理解することからスタートし，保育者との相互作用のなかで作り上げていくものである。小学校以降の教育ではあらかじめ学習に必要な標準授業時数や学習すべき内容

が決められているが，幼稚園教育要領，保育所保育指針，幼保連携型認定こども園教育・保育要領（以下，要領・指針）には具体的な保育内容や方法などは示されていない。そのため，各園において保育者が子どもの発達を見通したうえで，そのときどきの子どもの興味や関心などをとらえながら保育内容を組織することになる。計画のなかに保育者の願いや意図を織り込みつつも，子どもが興味をもって取り組み，自己の力を発揮しながら活動できるような，子どもを主体とする計画の作成が求められる。

　また，計画の実施に当たっては，保育者主導の一方的な保育の展開ではなく，子どもの活動の展開に応じて柔軟に対応していく必要がある。場合によっては計画通りに進まないこともあるが，計画に縛られることなく，子どもの活動に沿って計画を柔軟に修正したり，必要な援助をしたりする。保育の計画において大切なのは，計画通りに進んだかどうかではなく，計画の実施後に，どうして計画通りにいかなかったのか，どうしたらよかったかなどを振り返り，それを次の計画の作成につなげていくことである。子どもの実態に即した計画作成と柔軟な保育の展開，その後の評価により保育の質を高めていくところにこそ，保育の計画の特色が表れているといえる。

2　保育の「全体的な計画」

　これまでは保育の全体計画に対して，幼稚園では「教育課程」，保育所では「保育課程」，幼保連携型認定こども園では「全体的な計画」という言葉が使われてきた。平成29年の要領・指針の同時改訂（定）により，幼稚園，保育所，幼保連携型認定こども園における保育の全体計画を指す言葉として「全体的な計画」が共通して使われるようになった。この「全体的な計画」とは幼稚園，保育所，幼保連携型認定こども園における保育の全体像を描き出したものであり，実際に保育者が保育を進めていくうえでの基礎となるもので

1章　保育・教育課程の意義と基礎理論

ある。以下では，幼稚園，保育所，幼保連携型認定こども園の社会的機能の違いをふまえ，それぞれの施設における「全体的な計画」の位置づけについて見ていきたい。

■幼稚園

幼稚園教育要領では第1章において，「各幼稚園においては，教育基本法及び学校教育法その他の法令並びにこの幼稚園教育要領の示すところに従い，創意工夫を生かし，幼児の心身の発達と幼稚園及び地域の実態に即応した適切な教育課程を編成する」ことが定められている。教育課程の対象となるのは1日4時間を標準とする教育時間の教育活動であり，教育週数は特別な事情のある場合を除き，1年間に39週を下回ってはならないこととされている。幼稚園は満3歳から小学校就学前までの幼児を対象とする教育施設であるため，3年保育の園は3年間の教育課程，2年保育の園は2年間の教育課程など，各園の教育年限に応じて教育課程を編成する。また，満3歳児入園を実施する幼稚園においては，満3歳児の教育課程を編成する必要がある。一方，預かり保育は，「教育課程に係る教育時間の終了後等に行う教育活動」として位置づけられ，教育課程とは別に計画が作成されてきた。

今回改訂された幼稚園教育要領では，「全体的な計画」の中に教育課程や教育課程に係る教育時間の終了後等に行う教育活動（預かり保育）の計画，学校保健計画，学校安全計画などが含まれる。教育課程の性格はこれまでと大きく変わらないが，その他の計画も含めて全体的な計画としてとらえるようになった。

■保育所

2008（平成20）年の保育所保育指針の改定により，それまで「保育計画」と呼ばれてきた保育所保育の全体計画は「保育課程」と名称が改められた。保育所が担う社会的な役割が大きくなるなか

9

で，保育士個人の経験や技量のみに任せるのではなく，保育所全体が組織として計画的な保育実践を展開し，その評価・改善という循環的な営みによって保育の質の向上を目指したことがその背景にある。さらに，平成29年の改定では「保育課程」が「全体的な計画」と改められた。

保育所保育指針の第1章では，保育所は「各保育所の保育の方針や目標に基づき，子どもの発達過程を踏まえて，保育の内容が組織的・計画的に構成され，保育所の生活の全体を通して，総合的に展開されるよう，全体的な計画を作成しなければならない」と規定されている。保育所には保育時間や入所時期の異なる0歳から就学前までの子どもが通うが，全体的な計画は保育時間の長短，在所時間の長短，途中入所などにかかわりなく，入所児童すべてを対象とする。保育所の保育時間は，児童福祉施設の設備及び運営に関する基準（第34条）に基づき，1日8時間を原則とし，その地方における乳幼児の保護者の労働時間や家庭の状況などを考慮して，保育所の長が定めることとされている。延長保育，夜間保育，休日保育などを実施している場合には，それらも含めて子どもの生活全体をとらえて全体的な計画を編成する。この全体的な計画に基づいて，指導計画，保健計画，食育計画などが作成される。

■幼保連携型認定こども園

幼保連携型認定こども園では，「満3歳以上の園児に対する教育」と「保育を必要とする子どもに該当する園児に対する保育」を一体的に提供し，0歳から小学校就学前までの園児の教育および保育が一貫して行われる。つまり，在園4時間で降園する子どももいれば，8時間在園する子どもや，保護者の就労状況などにより在園時間が10時間を超える子どももいるなど，1人ひとりの登園時間や降園時間が異なり，在園時間が異なる園児が一緒に過ごすことになる。また，入園時期によって集団生活の経験年数に違いがあり，

長期休業の有無によっては登園日数も異なるため，1人ひとりの多様な時間や経験に合わせた教育・保育が必要となる。

そのため，幼保連携型認定こども園では全体的な計画として，満3歳以上の園児の教育課程に係る教育時間の教育活動のための計画，満3歳以上の保育を必要とする子どもに該当する園児の保育のための計画，満3歳未満の保育を必要とする子どもに該当する園児の保育のための計画，子育て支援の計画などを作成する。延長保育，夜間保育，休日保育を実施する場合にはその計画も含まれる。これらの計画はそれぞれに作成するものではなく，幼保連携型認定こども園においては，教育および保育の内容についての相互関連を図り，調和と統一のとれた計画となるようにすることが大切である。

③ 教育課程・全体的な計画の意義

幼稚園の教育課程や保育所・幼保連携型認定こども園の全体的な計画は，入園から修了までの在園期間の全体にわたって，各園の目標に向かってどのような道筋をたどって教育及び保育を進めていくかを明らかにするために編成する計画である。それぞれの保育施設では，教育課程・全体的な計画の他にも長期の指導計画（年，期，月）や短期の指導計画（週，日）などさまざまな計画が作成される。この教育課程・全体的な計画がすべての計画の土台として編成されることにはどのような意義があるかについて考えてみたい。

■全職員が園の目標や方針について共通認識を深める

教育課程・全体的な計画は，園長の責任の下で全職員が協力して編成するものである。園長のリーダーシップの下で，園の実態や子どもの実態を踏まえ，どのような子どもを育てたいか，どのような保育を目指していくかについて教職員で十分に話し合い，それらを共有していく。園全体が組織として目指すべき方向性を明確にする

ことで保育の一貫性が保たれるとともに，教職員の協力体制が整い，保育の質の向上につなげることができる。

■子どもの育ちを長期的に見通す

　子どもの発達はそれぞれの時期にふさわしい生活が展開されることによって促されるものである。そのためには，目の前の子どもの姿だけを見るのではなく，これまでどう育ってきたか，これからどう育っていくのか，長期的な見通しのなかでその過程をしっかりととらえることが大切である。教育課程・全体的な計画で保育の大枠が構想されることによって，発達の各時期にふさわしい経験とともに，それらの相互の関連性が明らかとなり，子どもの生活や発達の連続した道筋が示される。それぞれの時期に必要な体験を積み重ねていくことによって心身の調和のとれた望ましい発達が促されていくため，先を急ぎ過ぎたり，子どもにとって意味ある体験を見逃してしまったりすることのないようにしなければならない。

■幼児期の育ちを小学校へつなげていく

　幼児期から児童期（小学校）へと移行していくなかで，子どもが違った存在になるわけではない。子どもの育ちは幼児期で完成するものではなく，その発達や学びは連続しており，幼児期に積み重ねたものが土台となり，その上に小学校の生活や学習が展開されるようにすることが大切である。したがって，幼稚園，保育所，認定こども園においては，小学校教育の先取りではなく，小学校教育を視野に入れながら，幼児期にふさわしい生活を通して，幼児期に育てるべきことをしっかりと育てていくことが望まれる。

　平成29年の要領・指針の改訂（定）では，幼稚園，保育所，幼保連携型認定こども園共通で「育みたい資質・能力」（「知識及び技能の基礎」「思考力，判断力，表現力等の基礎」「学びに向かう力，人間性等」）と「幼児期の終わりまでに育ってほしい姿」（「健康な

心と体」「自立心」「協同性」「道徳性・規範意識の芽生え」「社会生活との関わり」「思考力の芽生え」「自然との関わり・生命尊重」「数量や図形，標識や文字などへの関心・感覚」「言葉による伝え合い」「豊かな感性と表現」の10項目）が示され，幼児期に育てるべきことがより明確になった。この「育みたい資質・能力」は，その後の小学校，中学校，高等学校で身に付けておくべき力を見据えながら，幼児期に育てたい資質・能力の3つの柱として示されたものであり，生活や遊びのなかで一体的に育んでいくことが大切である。また，「幼児期の終わりまでに育ってほしい姿」（10の姿）は，小学校入学前までに達成しなければならないという到達目標ではなく，その方向に向かって指導していくという方向性である。それは，日々の保育の積み重ねのなかで育ってきた子どもの姿であり，これからも育っていく姿として小学校と共有されるべきものである。10の姿を踏まえつつ教育課程・全体的な計画を編成し，保育に取り組むことで，子どもの育ちを小学校につなぎ，円滑な接続が図られることを目指している。

■保護者や地域住民に情報提供し，理解と協力を得る

　子どもの生活は家庭や地域社会，幼稚園・保育所・認定こども園などの保育施設において連続して営まれている。したがって，教育課程・全体的な計画の編成においては，子どもの生活全体を視野に入れ，園での生活が家庭や地域社会と連続性を保ちつつ展開されるように配慮する必要がある。

　また，各園の目標に向かってより効果的に保育が展開されるためには，保護者や地域住民に対して園の方針，特色ある活動，子どもの状況などの基本的な情報を積極的に提供し，保護者や地域住民の理解と協力を得ることが必要である。教育課程・全体的な計画の評価・改善においても，保護者や地域住民などの声にも耳を傾けながら，家庭や地域と連携してよりよい保育を目指していくことが大切

である。幼稚園教育要領の前文では，「社会に開かれた教育課程の実現」が強調されている。そうした役割のなかで，預かり保育や子育て支援などの教育課程外の活動についても充実させることが期待されている。

4 教育課程・全体的な計画の編成

■教育課程・全体的な計画の編成における基本的事項

（1）関係法令等を理解する

　教育課程・全体的な計画を編成する際には，各園において関係法令等に基づいて保育の基本理念や原則についての理解を図らなければならない。幼稚園においては，教育基本法，学校教育法，学校教育法施行規則，幼稚園教育要領などを，保育所においては，児童憲章，児童の権利に関する条約，児童福祉法，児童福祉施設の設備及び運営に関する基準，保育所保育指針などを，幼保連携型認定こども園においては，教育基本法，児童福祉法，就学前の子どもに関する教育，保育等の総合的な提供の推進に関する法律（認定こども園法），幼保連携型認定こども園教育・保育要領などを踏まえる必要がある。

　幼稚園，保育所，幼保連携型認定こども園は社会的機能の違いから異なる特徴も見られるが，保育の基本的な考え方は共通している。すなわち，いずれの施設も乳幼児期の保育は生涯にわたる人格形成（人間形成）の基礎を培う重要なものととらえ，環境を通して行うことを基本としている。また，幼児の主体的な活動を尊重すること，遊びを通して総合的な指導を行うこと，子ども1人ひとりの発達過程に応じた指導を行うことという基本方針は共通しており[1]，それにより乳幼児期にふさわしい体験が得られるようにすることを目指している。さらに，平成29年の改訂（定）では3歳以上の幼児

[1] ここでいう「指導」には乳幼児期の保育の基本に基づいて行われる援助のすべてが含まれる。

1章　保育・教育課程の意義と基礎理論

教育に関する記載がほぼ共通化され，幼稚園，保育所，幼保連携型認定こども園はともに「幼児教育機関」としての役割を果たしていくこととなった。

（2）園で目指す子ども像を明確する

　幼稚園，保育所，認定こども園においては，各園の建学の精神や理念などに基づいて目指すべき子ども像があり，どのような子どもを育てたいか，何を大切に保育していくのかは園によってさまざまである。園全体で共通の目標に向かって一体となって保育を進めていくためには，教職員間で目指すべき子ども像を共有することが大切である。目指すべき子ども像は時代状況によって変わりうるものであるため，現在の保育施設に期待される社会的な役割や課題などについて各園で理解を深める必要がある。

（3）入園から修了までの発達過程を見通す

　幼稚園，保育所，幼保連携型認定こども園ではそれぞれ保育期間は異なるが，入園から修了までの全期間における子どもの発達を見通し，各園の保育期間に合わせた教育課程・全体的な計画を編成する。
　教育課程・全体的な計画の編成に当たっては，園生活の各時期において子どもがどのような生活を展開し，どのような発達をするのかについて十分に理解しておく必要がある。たとえば，入園当初においては，1人ひとりが思い思いに遊んだり，保育者と触れ合ったりしながら，園生活に親しみ，安定していく。安定した生活が得られると次第に周囲の人やものへの興味や関心が広がり，自分でいろいろな遊びに興味をもって取り組むようになる。さらに，友だちとイメージを伝え合い，共に生活する楽しさを知り，友だちからの刺激を受けて遊びを広げていくようになる。こうした過程を経て，友だち関係を深めながら自己の力を十分に発揮して生活するようにな

15

り，やがて子ども同士やクラス全体で目的に向かって協同して園生活を展開しながら，友だちを思いやったり，自己を抑制しようとしたりする気持ちが生まれるようになる。このような入園から修了までの過程で見られる子どもの姿は園によっても異なるため，それぞれの園の実情に即した方法や視点でとらえることが大切である。

(4) 具体的なねらいと内容を組織する

幼稚園，保育所，幼保連携型認定こども園においては，それぞれの要領・指針の第2章に示す「ねらい」が園生活の全体を通して総合的に達成されるよう，保育期間や子どもの生活経験，発達の過程などを考慮して具体的なねらいと内容を組織する。しかし，要領・指針に示されている「ねらい」と「内容」は園生活の全期間を通して育てるものであり，そのまま教育課程における具体的なねらいや内容とすることはできない。そこで，教育課程・全体的な計画の編成に当たっては，入園から修了までの各時期において，子どもはどのような経験をしていくのか，目標の達成を図るためにはどのような指導をしなければならないのかを各園の子どもの生活や発達の姿に即して考え，適切に具体化したねらいと内容を組織する必要がある。

■各園の特色を生かした教育課程・全体的な計画

教育課程・全体的な計画は法令や要領・指針に従って編成されるものであり，各園がそこに示されている基本方針や原則について十分に理解する必要がある。同時に，それぞれの園によって置かれている状況が異なることから，以下の点をふまえつつ，各園が創意工夫を生かして，特色のある教育課程・全体的な計画を編成することが大切である。

（1）子どもの実態

保育の計画の基本は，子どもを理解することである。保育内容や方法が子どもの発達の実情に即したものでなければ，保育の効果を生み出すことはできない。そこで，教育課程・全体的な計画の編成に当たっては，乳幼児期の発達の特性を理解するとともに，園に在籍する子どもの発達の過程や実情を的確に把握することが大切である。保育所や認定こども園においては，入園した時期により集団生活の経験年数が異なる園児がいることなどにも配慮する必要がある。日々の保育のなかで子どもの姿を記録し，それらを累積して，それぞれの子どもがどのような発達の道筋をたどっていくのか，何に興味や関心を抱いているか，何に意欲的に取り組んでいるのかなど，入園から修了までの発達の過程を丁寧にとらえる必要がある。

（2）園の実態

園の規模，教職員の状況，施設設備の状況などの人的・物的条件，地理的条件は園によって異なり，このような園の条件は教育課程・全体的な計画の編成に当たって密接に関連してくる。園児数が数十名の小規模園と数百名の大規模園では保育の内容や指導のあり方にも違いが生じるのは当然のことである。また，園庭，遊具や用具の整備状況によっても保育は変わるため，園の実態を生かした教育課程・全体的な計画の編成が求められる。

（3）家庭の実態

近年，共働き世帯の増加や保護者の就労形態の多様化に伴い，低年齢児保育，延長保育や休日等の利用，預かり保育，子育て支援サービスなど，保育ニーズは多様化している。教育課程・全体的な計画の編成に当たっては，こうした保護者の期待や要望の実態を十分に把握し，場合によってはそれらを取り入れるなどして，園の保育に対する保護者の理解を得ることが大切である。また，保育所や

認定こども園では園で過ごす時間が長時間になる子どももいるため，家庭での過ごし方を聞いたり，園での生活の様子を伝えたりしながら，家庭生活との連続性を確保できるような配慮が必要である。

（4）地域の実態

　幼稚園，保育所，認定こども園は地域社会のなかに存在する。地域には，都市，農村，山村，漁村など生活条件や環境の違いがあり，文化などにもそれぞれの特色をもっている。子どもの生活や発達はそのような条件に大きく影響を受けるため，園を取り巻く地域社会の実態を十分に把握し，地域の特性を生かした教育課程・全体的な計画を編成していくことが大切である。また，近隣の保育施設や小学校，公共施設，園の活動に協力してくれる人材など，地域の資源を積極的に活用し，子どもが豊かな生活経験を得られるように工夫することが望まれる。

5 全体的な計画と指導計画の関係

　全体的な計画は各園の保育の全体像を描き出したものであり，その大きな見通しのなかで具体的な指導計画が立てられる。実際の保育はこの指導計画に基づいて行われるが，その根底には全体的な計画がある。

　全体的な計画は，入園から修了までの子どもの育ちや生活を見通し，どの時期にどのようなねらいや内容をもち，どのような配慮をして指導を行ったらよいかが明らかになるように具体的なねらいや内容を組織している。指導計画では，この全体的な計画に基づいてさらに具体的なねらいや内容，環境の構成，保育者の援助などの指導の内容や方法を明らかにしていく。

　指導計画はあくまでも「仮説」であるため，日々の保育のなかで子どもの姿に照らし合わせながら反省・評価が行われ，改善される

ものであり，そのような反省・評価の積み重ねのなかで，全体的な計画も改善されていく必要がある。全体的な計画や指導計画を立てて実施し，それが実際にうまくいっているかどうかを評価し，改善していくという一連の流れを，カリキュラム・マネジメントという。全体的な計画や指導計画は，各園の保育目標や方針に基づき，園を取り巻く状況や子どもの実態を把握しつつ作成されるが，子どもの実態は変わっていくため，常に目の前の子どもの姿と自らの保育を振り返り，保育の計画を実際に即したよりよいものに改善していくことが大切である。

参考文献
厚生労働省『保育所保育指針解説書』フレーベル館，2008
厚生労働省『保育所保育指針』フレーベル館，2017
汐見稔幸監修『保育所保育指針ハンドブック　2017年告示版』学研教育みらい，2017
児童育成協会監修『基本保育シリーズ⑭　教育課程・保育課程論』中央法規出版，2016
内閣府・文部科学省・厚生労働省『幼保連携型認定こども園教育・保育要領解説』フレーベル館，2015
内閣府・文部科学省・厚生労働省『幼保連携型認定こども園教育・保育要領』フレーベル館，2017
無藤隆監修『幼稚園教育要領ハンドブック　2017年告示版』学研教育みらい，2017
文部科学省『幼稚園教育要領解説』フレーベル館，2008
文部科学省『幼稚園教育要領』フレーベル館，2017

2章 保育の計画と評価の意義

1 保育における計画と評価の必要性について

　保育の計画と実践，そして評価は密接なものである。計画があり，その計画をもとにした実践を振り返ることから保育の反省が見出だされ，改善され，保育の質の向上につながっていく。いわゆる「計画→実践→評価→改善」のサイクルである。保育者は常に目の前の幼児の姿を通して保育実践を見直していかなければならない。1人ひとりの姿から個々の発達段階を理解し，その姿を認めたうえで次の段階へと向かうにはどのような支援，環境設定が必要か考えることが保育者には求められる。

2 保育における評価とは

　評価とは教育活動のなかでどのような学びがなされたのか，どのような育ちが実現したのかを確かめることであり，またその結果を教育的に活用することである。しかし幼稚園，保育所，認定こども園における保育の評価と，小学校以上の学習評価とは違うことを明確に理解しておく必要がある。

保育における評価とは
子どもをよく理解し，子どもの成長を見極め，その過程においての保育者のかかわり方，環境設定と支援のあり方と子どもの現れを振り返ることである。

幼稚園・保育所・認定こども園による教育，保育と小学校以上の教育では以下のような違いがある。

〈幼稚園教育要領，保育所保育指針，認定こども園教育・保育要領〉
・5領域（健康，人間関係，環境，言葉，表現）を総合的に学ぶ
・子どもの生活に合わせた一日の流れ
・身の回りの「人・もの・こと」が教材
・総合的に学んでいくために工夫された環境の構成

〈小学校教育課程〉
・教材等の学習教材を系統的に学ぶ教育課程
・時間割に沿った一日の流れ
・教科書が主たる教材
・系統的に学ぶために工夫された学習環境

このように，幼稚園・保育所・認定こども園による教育，保育と小学校以上の教育では明らかな違いがある。これを理解したうえで，評価していかなければならない。

3 評価の観点

■子どもをよく観て理解することから始める

保育は子ども1人ひとりを理解することから始めなければならない。これは1人ひとりの幼児理解と1人ひとりの日々の変化に対して敏感になることである。『子ども学』（1980）のなかで，佐野美津男は「像派」と「観派」について述べている。子どもの発達段階を考え保育計画を立てることは基本ではあるが，「子どもはこうあるべきだとして子どもにあるべき姿を押し付けてはならない。子どもを大人の求める理想の子ども像に合わせることを先んじるのではな

く，子どもの今ある姿をよく観ること，そして大人は自分の幼時期（幼児期ではなくあえて幼時期）を振り返り，その時の気持ちを考えることが大切である」と述べている。ここには子どもの気持ちをよく考え，自ら育ちたいという思いを大切にするという考え方が示されている。保育者として常に子どもの気持ちを理解し，そのうえで保育を考えていくという「子どもをよく観る」姿勢を大切にしたい。

■人とのかかわりのなかで観る

　未満児から入所（園）してくる子どもに対して，保育者は運動機能が著しく発達する時期でもあり，常に目を離さず見守ることと共に「特定の大人との応答的なかかわりを通じて，情緒的な絆が形成される」時期でもあるので，母親に代わって保育者が受容的，応答的に保育を行っていくことが必要である。この時期の人とのかかわりが将来を左右する。人として生きていく出発点である。

　幼稚園でも同様であるが，活動の幅も対人関係も集団生活のなかで広がっていく。この過程で「人間として生きる力の基礎」である健康な心と体，自立心，共同性，思考力，道徳性などが芽生えていく。さらにその芽生えと共に子どもは自分自身で目的をもち，その目的に向かって行動するようになる。たとえ失敗したとしてもそばで保育者が支え，励ますこと，さらに周りの子どもたちの温かさがあることで失敗を乗り越え次へ向かうたくましさが育っていく。周りの子どもたちの存在も大きく，互いに影響を受けながら育っていく。保育者は目の前の子どもたちが今何を感じ，何に興味を持っているのか，何を行おうとしているのか，子どもたち同士のかかわりのなかで観ていかなければならない（図2-1～図2-3）。

子どもの遊びをよく観ていると

図 2-1 ままごと遊びの様子①

図 2-2 ままごとあそびの様子②

図 2-3 ままごと遊びの様子③

①人形にミルクを飲ませている女の子と，周りの子どもたちと保育者
②見ていた子どもたちが参加し始める。「これもあるよ～」と会話が始まる
③ミルクを飲ませ終わり寝かしつけている母親（保育者？）役の子どもたち

■子どもの成長を細かな段階で観る

　保育者は子どもの成長を細かな段階で観ていかなければならない。生活習慣である身支度ひとつでも，少しずつ段階が上がっていく姿を観ていることが大切である。食事の場面では，すぐにスプーンをもって食べられるわけではなく，自分の食べ物であることを意識することから始まり，食べさせてもらう立場から自分の手で食べることへと成長する。手の延長がスプーンであり，こぼしながらもなんとか食べる時期から，こぼさずに食べられる，次は箸への挑戦とい

うように段階がある。その段階ごとに子どもの行為を認め，さらに次の段階へ向かいたくなるような援助と友だち同士の認め合いが子どもの意欲へとつながる。基本的生活習慣だけでなく，自己表現や対人関係においても同様の考え方で評価し，励ましていく。細かな段階を設け，1段階でもクリアしたことを保育者と友だち同士で意識的に評価することが繰り返されるなかで，子どもはさらなる目標へ挑戦するようになる。保育者と互いに認め励まし合う子どもたちの温かな人間関係が，子どもの成長を後押ししていく。

■新しい経験と自発的な行動とのかかわりを観る

　入園し，集団生活という大きな変化に対応するためには「心の安定」が一番重要であり，その環境構成に気を配らなければならない。「心の安定」がすべての活動のもととなる。保育者の温かなまなざしを感じながら安心してみんなと共に活動し，新しい経験にも出会う。同じことをする楽しさや友だちとの違いにも気づき，さらに自分と他者の思いのなかで折り合いをつける経験もする。子どもたちは生まれながらにしてさまざまな力を持っているわけではない。生活の仕方や遊び方などは大人である保育者が伝え，共に体験をすることで自分のものにしていく。保育者が伝えるべきものは何かが，保育計画の中に組まれている必要がある。しかしここで保育者は，その活動における伝え方が一方的，画一的にならないよう注意しなければならない。基礎的な部分を伝え，子どもが工夫したり，冒険したりする意欲を育てていくことを大事にしなければならない。子どもたちが自信を持って行動するようになることが目的である。

■支援の必要な子どもとのかかわりを観る

　保育所，幼稚園において，自閉的傾向，アスペルガー症候群，学習障がい，注意欠陥多動性障がい■1への理解も進んできている。文部科学省の調査によると，2012年に全国の公立小中学校で約5

■1 アスペルガー症候群（AS）：社会性上の特異性が特徴。学習障がい（LD）：知的学習能力の一部に著しい困難。注意欠陥多動性障がい（ADHD）：多動，不注意，衝動を特徴とする。

24

万人を対象とした調査結果で"発達障害の可能性がある"とされた児童生徒の割合は6.5%である⬅2。発達障害の傾向がある子どもが1クラスに1〜2人程度いることになる。保育者としてこのように障害を持ち，支援が必要な子どもについてのかかわり方は健常児においても大切なことである。統合保育⬅3が進んできていることは望ましいことではあるが，ほとんどの現場ではクラス担任と副担任，フリーの保育者が担当しており，受け入れ体制など発達ニーズに応えるという点では課題が多い。障害を持つ子どもにとっては少しでも早く専門的な療育が必要とされる一方で，健常児のなかで育てることで健常な子どもには思いやりの気持ちが育てられ，障害を抱える子どもたちには健常な子どもの姿がよい刺激となって自立心の芽生えも期待できる。健常児が障害を持つ子どもの特徴を理解し，特別視することなく，できること，できないことを「ありのまま」受け入れる心を育むこと，保育者のかかわり方がそのまま子どもたちに伝わっていく。温かいクラス作りに取り組むことで障害児への対応も変わっていくのである。

　こうした取り組みを推進するうえで，クラス担任の負担が大きくならないように副担任，フリーの保育者，園全体の保育者で育てる姿勢が不可欠である。そのようなかかわりが保育者間の関係を密にしていくことにもつながる。発達障害を正しく理解し，障害を抱えながら保育園や幼稚園で過ごしている子どもによりそう保育者の姿が周りの子どもに伝わり，温かい社会へつながることが理想である。

　園全体の保育者が障害を持っている子どもたちに愛情をもって接することで，子どもたちの育ちゆく姿が保護者にも伝わり，温かい保護者組織の形成につながっている幼稚園がある。そこに至るまでは決して簡単な道のりではなく，長年の積み重ねが必要であったことであろう。

⬅2　文部科学省「通常の学級に在籍する発達障害の可能性のある特別な教育的支援を必要とする児童生徒に関する調査結果について」，2012。

⬅3　健常児と障がいを抱える幼児とを分離せず，共に保育する保育もしくは保育形態のこと。

■家庭および地域社会とのかかわりから育ちを観る

　保育においては，保護者とのかかわりが重要である。特に母親と子どもは一心同体であり，子どもの不安は親の不安であり，親の不安は子どもの情緒不安定につながる。年齢が低ければ低いほど，保護者との連携が不可欠となる。子どもの保育以上に難しいのが保護者との連携である。保育者は常日頃の子どもの様子を保護者に伝え，保護者からの要望にも耳を傾けるといった姿勢が求められる。その積み重ねが保育者への信頼となり，園の方針を理解し，協力的な保護者へと変わっていく。保護者には直接的な言葉で「すべきこと」を要求するのではなく，気持ちよく気づく機会を待つ根気強さも必要である。園長先生や年長の主任の言葉には比較的耳を傾けても，若い保育者の言動には耳を傾けようとしない保護者もいる。それでも自分の子どもの様子には興味を持ち，細やかに子どもを観てその様子をいつも報告してくる保育者には耳を傾け，信用し相談を持ちかけてくるようになる。保育者の年齢，経験により培われた対応も大切であるが，新任でも一生懸命さは伝わるものである。子どもの機嫌よさ，いつもよく子どもを観ていてくれるという安心感は信頼につながり保護者を園の保育に惹きつけていくものである。園児の保護者だけでなく，幼い子どもを持つ母親を支える地域支援事業を行う園も増えている。子育てに悩み，幼児虐待になりそうな母親を支え励ます役割も保育所，幼稚園に求められている。

■職員が連携して子どもを観る

　園には，送迎バスの運転手，バス添乗員，門での受け入れ担当者，担任，職員室で対応する保育者といろいろな持ち場や役割がある。
　室内で遊ぶ子どもや園庭で遊ぶ子どもがいる。すべての子どもの安全面を見守ると同時に遊びの内容や動線，子ども同士の会話やそれに基づく人間関係の変化なども観ていかなければならない。担任

がクラス全員の姿を観て理解することには限度がある。保育者全員で園内の子どもを観て気づいたことを報告し合うことが子ども全員を理解することにつながる。子ども同士のけんか，転んでけがをしたときの状況や対応など，職員同士の連携により漏れなく観ていることで保護者へ伝えることもできるし，それが信頼関係を形成していくことになる。万が一けがや事故があっても，職員の連携体制がしっかりしていれば，迅速な対応ができる。職員の人間関係は子どもの人間関係に影響を与え，保護者へも伝わっていく。子どもたちも保護者も保育者の動きを観ている。

4　評価方法

自己点検と自己評価――子どもの成長の把握

自己点検と自己評価は，保育者が自分の保育について振り返り評価するものである。

a．入園直後の様子を記録しておく

入園してからの保育を振り返る前に，子ども１人ひとりの入園当初の様子を理解しておく必要がある。入園当初の様子と入園後の様子の違いを比較し，考察することが保育の評価である。

保育所は未満児から，幼稚園は３歳児からそれぞれの施設に入園するが，保育者はその１人ひとりについて成育歴を理解しておかなければならない。具体的には入園前の親子面接の様子，各家庭から提出される家庭状況調査票などから家族構成，健康状態，成育歴などを把握しておく。しかし，書類上の情報だけですべてがわかるわけではない。入園直後の様子を記録しておく必要がある。後に，入園直後，１学期，２学期，３学期と記録を重ね最終的には卒園までを記録し，指導要録➡４に記録することになるが，要録に記入する前の資料として園独自の個人記録表を作成しておくとよい。

⬅４　子ども１人ひとりの姿や発達の状況を知らせ，子ども自身の育ちを小学校教育につなぐ資料。

b．保育日誌をつける

　1日の保育の後にその日の流れを振り返る。子どもはどうしてあのような姿を見せたのかと考えたり，あの子どもにはこのようなよい面があったのかと気づいたりすることができる。保育者としてはどのように行動をすべきだったのか，環境構成はよかったのだろうか，言葉のかけ方，タイミングは適切であったかなど，気づきや疑問に思うことなどを素直に記入することが大事である。この気づきが保育の質の向上につながる。毎日の振り返りが積み重ねられ，子どもの成長や環境構成とのかかわりにも気づき，保育評価の基となる。

c．個人記録をつける

　クラス全員の欄がある表を準備し，毎日短時間で振り返る。毎日の保育のなかで詳しく整理した記録をつけることは難しい。簡条書き程度で子どもの気づきをメモしておく。短時間でよいので保育者全員で行い情報交換をして記録する。これはクラス担任だけでなく保育者全員が子どもへの目配りを意識することにつながり，記録を続けることで，気づきの多い子ども（目立つ子ども），気づきの少ない子ども（よく観えていない子ども）の存在や各保育者における子どもの観方にも気づく。この記録に基づいて学期ごとの振り返りを行い，指導要録へまとめる。この記録は決して1人ひとりを点数化して評価するものではない。あくまでも1人ひとりの子どもの成長と今後の援助を考えるための記録である。進級にあたって次年度の教員に伝達し，卒園後は抄本を作成し，小学校に提出されるものである。

　保育現場と小学校との接続も重要課題であり，平成29年の要領・指針の改訂（定）にあたり「幼児期の終わりまでに育ってほしい姿」が示された。この10の姿もふまえて保育を振り返ることも必要である。

2章　保育の計画と評価の意義

d．園内研修の充実

　文章による記録での保育の振り返りも重要であるが，園全体の保育者が保育について考え合う機会を持ち，話し合う研修も必要である。各園で独自なやり方を探ってほしいが，子どもたちと同様に保育者間にも温かい人間関係が構築されていることが望まれる。

　保育者の年齢，経験年数，立場にこだわらず，子どもの気づきや保育を観ての気づきを述べ合える雰囲気が大切である。そのためにも参加者は意見の述べ方に注意する必要がある。保育のなかで小さなエピソードを探すことから始め，続いて課題と思われる気づきまで述べられるようにする。最初から問題点を探すような雰囲気では長続きしない。

　子どもの遊ぶ様子をビデオに撮って観合うことも効果がある。子どもの言動，保育者の言動を皆が第三者の立場で観ることで，普段気づかなかった子どもの姿が観えてくる。また保育者同士の言動から学ぶこと，その言動に改善点を見出すこともある。園内研修で互いに保育を見合うことが保育の質の向上につながると同時に，観合うこと自体が保育者同士のコミュニケーションにもなる。

　振り返りに意見を出しやすいように付箋紙に記入する方法を採り入れる園が増えてきている。気づきを意見としてまとめることが難しいときなど，細かな意見を吸い上げるという点で効果があり，出された内容を共通項でくくりながら意見をまとめ上げていく手法である。職員間で発言しやすい雰囲気作りにもなる。風通しのよい，温かい教職員の関係が保育の質の向上の土台であり，そのような保育者集団が子どもたちのモデルにもなる。

■外部による評価

a．保護者による評価

　保護者を対象にアンケートをとるやり方がある。保育者側からの内部評価だけでなく，外部評価を取り入れることも保育を振り返る

29

よい機会となる。保育方針が理解されているか，保育者の取り組みがどのように受け取られているか，自分の園がいかに保護者を巻き込んでいるか，協力を得られているか，障害児とのかかわり方，地域とのかかわり方などの評価を保護者の側から受けるものである。内部では気づかなかったこと，伝えているつもりで実際は伝わっていなかったことにも気づくことができる。保護者は自分の子どもを中心に考えて記入する場合がほとんどなので，偏りがみられる場合もある。たとえ偏っていたとしても，自分たちの園が保護者にどのように受け取られているかを知ることは保育現場には必要なことである。大事な園評価であり，真摯に受け止め保育の質の向上につなげていく。

b．第三者評価

「保育者養成協議会の第三者評価基準」がある。専門的・客観的な立場で，保育所の特徴と課題を明らかにするものである。保育の観点，園としての福祉サービスの観点を項目立て，その1つひとつについて文章化して整理し，評価を受ける。幼稚園でも同様の意図で「私立幼稚園の学校評価による第三者評価」がある。これらの評価を受けることは基準に基づいて，自園の保育内容，園環境などすべてを振り返ることにつながる。保育内容だけでなく，施設の在り方を含めすべての質の向上のために積極的に取り入れたい評価である。

■保育現場の実践事例（実際の子どもの現れから）

事例 2-1　「できたよ，できたよ」──自立の促しと達成感（未満児）

「スプーン，スプーン」と手を出すマルちゃん。「そうだね。ミクちゃん1人でできるね」と保育者が認めると，今度はオサムくんが「スプーン，スプーン」。

2章　保育の計画と評価の意義

「はけたよ，はけたよ（靴下が）」「わーサオリちゃん，1人ではけたんだ。すごーい。はくしゅー」。翌日，「タイガくんもはけたよ。はけたよ」。タモツ「タイガくんもすごーい。はくしゅー」。子どもは拍手が大好きである。この調子でおむつからお兄さんお姉さんがはくようなパンツへ，トイレに行けるようになる子も続く。そばで友だちが何かをできるようになること。拍手をしてみんなで喜ぶことは子どもにとって大きな励みとなっている。

事例 2-2 「一緒の出来事」──保育者のヒントが問題解決へ
（3・4・5歳児）

運動会後に始まるのが「リレーごっこ」である。運動会の余韻で毎年始まるが，子どもたちだけで行おうとすると問題続出。5歳児だけでやりたいのに4歳児も，さらに3歳児も入ってくる。バトンの渡し方がわからない。ちゃんと並ばない。差がついて遅れるとトラックの中に入って近道をする子がいる。人数配分も難しい。だんだんつまらなくなって自然消滅。これではいけないと保育者がヒントを出すことになる。「楽しそうだったのに終わっちゃったね」「だってえ，はなぐみも入ってくるんだもの」「バトン落としちゃう」「線の中走るんだよー」「つまんなくなっちゃう」「運動会はあんなに面白かったのにな」と子どもたちは不満を口にした。

「みんなは3歳のときリレーで遊ばなかったかな？」「遊んだ」「年長さんみたいにできた？」「できなかった」。

「それでやめちゃった？」「年長さんがおそくてもいいよっていってた」「ぼくがはしるからって」「順番考えたんだよねぇ」。

5歳児の担任が毎日根気よく話題を取り上げたり，一緒に走ったり，やかんの水でトラックを描いたり，3歳児の担任が応援したりと，いつの間にか子どもも保育者も一緒になって「リレーごっこ」が成立していった。

事例 2-2 「集団の遊び」——温かい人間関係を素地に遊びが発展（5歳児）

　年長組に進級し，新しい担任が全員に「こちょこちょ」とわらべうた遊びでスキンシップをはかっていると，ケンジくんは離れた場所にいたにもかかわらず「なんだか僕まで嬉しくなっちゃった」とニコニコ話しかけてきた。友だちの嬉しさを自分の嬉しさと感じていた。

　絵を描こうとして床に図画版を並べていると，ペースがゆっくりなユカちゃんに対して「アヤちゃん，こっちがあいてるよ」と手招きするケンタくん。みんながアヤちゃんの準備が終わるのを待っている。「ミキ先生のおなかに赤ちゃんがいるから病院にいってお休みです」というと，「赤ちゃんいつ生まれるの？」とサクラちゃん。「10月だって」それを聞いてアツシくんが「僕のお母さんは8月だよ」「おにいちゃんになるね」「うん，お母さんにもミキ先生にも優しくしないとね」。

　朝，クラスで身近なことを取り上げて話す時間をとっている。短時間でも毎日続けることで子どもの思いに気づいたり，子ども同士の温かい関係作りにつながったりする大切な時間である。

　ある日のお昼，「ミサちゃん，お弁当食べたら『ケイドロ』 ⟲5 しようね」とあちこちで遊びの相談をしているのが聞こえた。男女問わずに誘い合う姿があった。食べ終わると「やろうね」といそいそと片づけが始まり，食べ終わらない子には「まってるから大丈夫」などと声をかけていく姿も見られた。担任が教えた遊びが回数を重ね，遊び込むうちに子どもたちだけで遊びを組織し，クラス全員が参加し楽しむようになっていた。

⟲5　チームに分かれた鬼ごっこ。「警察チーム」と「ドロボウチーム」に分かれる。

引用・参考文献
厚生労働省『保育所保育指針解説書』フレーベル館，2008
佐野美津男『子ども学』農文協，1980
柴崎正行・若月芳浩『保育内容「環境」』ミネルヴァ書房，2009
鈴木昌世『「家庭団欒」の教育学』福村出版，2016
内閣府・文部科学省・厚生労働省『幼保連携型認定こども園教育・保

育要領解説』フレーベル館，2015
文部科学省『幼稚園教育要領解説』フレーベル館，2008

3章 PDCAサイクルによる保育の質の向上

1 保育の質の向上とは

　現代の子どもを取り巻くさまざまな状況をみてみると，幼稚園や保育所，幼保連携型認定こども園の保育の役割や機能も多様化しつつある。子どもそのものの育ちを保障することに加えて，小学校との接続，保護者支援や小学校，地域社会の資源の活用など連携が求められている。教育基本法第11条では「幼児期の教育は，生涯にわたる人格形成の基礎を培う重要なもの」[1]と規定され，保育所保育指針においても同様の意味のことが示されている。人間形成の基礎を培う乳幼児期の保育を担う保育専門職はその専門性の向上と，実践における質の充実が求められており，保育の質を向上させるためにも，保育評価の意義が問われているといえよう。

　保育実践の現場では子どもの望ましい育ちの方向を見据えた教育，保育目標を達成するために実践を振り返る，PDCAサイクル[2]（図3-1）が重視されている。これは保育の計画や実践を見直しながら，人的，または物的な体制を確保することも含めて新たな実践を構築するシステムとして取り入れられている。

　保育の計画から実践，評価，改善の過程は，具体的にPDCAサイクルに置き換えると図3-2のようになる。計画は改善され，螺旋状の循環が継続する。これをカリキュラム・マネジメントという。

　当然はじめに，子どもの実生活の姿をとら

[1] 7章参照。

[2] 企業の経営管理では，目標達成を管理するシステムとしてPDCAサイクルを回すことが基本とされている。この考えが最近では保育や教育にも適用されるようになってきている。（森上史朗「PDCAサイクル」より抜粋，森上史朗・柏女霊峰編『保育用語辞典』ミネルヴァ書房，2000）。

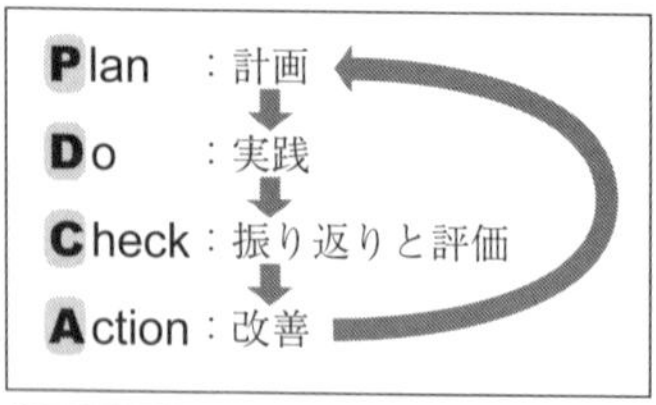

Plan ：計画
Do ：実践
Check：振り返りと評価
Action：改善

図 3-1 PDCAサイクル

えることが大切であり，子どもとともに保育をつくり出すという姿勢が必要である。

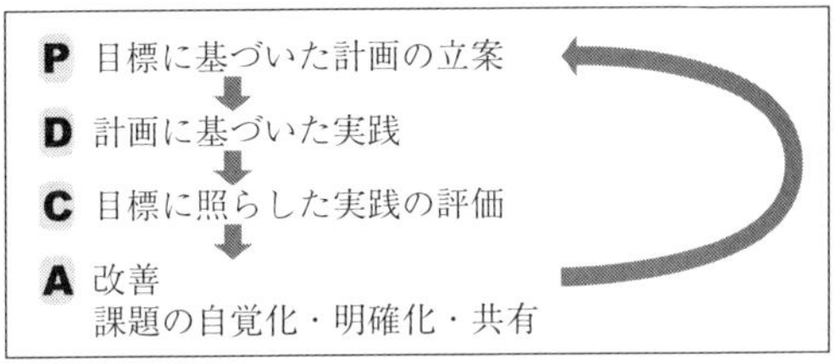

　PDCA サイクルについては「"技術合理性"に基づくシステム化が進みすぎるとプロセスや状況の中での省察を重視する保育や教育にはなじまないとする意見もある」━▶3 と森上は述べている。実践や計画を PDCA サイクル構造にはめ込むことが優先されるのではなく，PDCA サイクルと実践を「目に見える過程として分節化して，自覚的，省察的に保育の質を向上させやすくするための理解の方法」━▶4 ととらえるべきであろう。また評価においては良い，悪い，うまくいった，いかなかったという視点に陥りがちである。保育者間でのカンファレンス━▶5 なども取り入れながら，広い視野をもって，時間をかけた子どもの成長を見通しながら，育ちや可能性を見出だす機会としてとらえたい。それと同時に，保育者としての自分のありようはどうであったかという視点も大切にしたい。

┌─────────────────────────────┐
│ **P** 目標に基づいた計画の立案 │
│   ↓   │
│ **D** 計画に基づいた実践   │
│   ↓   │
│ **C** 目標に照らした実践の評価 │
│   ↓   │
│ **A** 改善   │
│   課題の自覚化・明確化・共有 │
└─────────────────────────────┘

[図 3-2] 保育における PDCA

◀3　森上，前掲書。

◀4　北野幸子編著『保育課程論』，北大路書房，2011。

◀5　森上・柏女（2000）の9章（5）「コラム　カンファレンス」を参照。

2　子どもの望ましい成長・発達を目指して

　幼稚園や保育所，幼保連携型認定こども園の保育は目的や目標を達成するために，まずは目の前にいる子どもそのものの姿を受け止め理解したうえで，計画性をもって行わなければならない。子どもの望ましい成長・発達のためには，以下の基本事項について留意したい。

■乳幼児理解と1人ひとりの主体性の尊重

　年齢に応じた発達過程の理解だけではなく，目の前の子どもと触れ合いながら，その様子や表情，言動から思いを推し量ったり，受

け止めたりすることが必要となる。家庭や地域での生活との連続性にも配慮し，1人ひとりを理解することが保育の出発点である。子どもは周囲の環境に働きかけようとする力を十分に発揮することで，発達に必要な経験を得ていく。このことを心に留めて子どもの主体性を尊重することが大切である。

■安心・安全な保育環境

　子どもは周囲の大人との信頼関係のなかで安心して自分の世界を広げ，自己を発揮していく。そのために，保育者は心地よい人的環境として子どもと温かい関係を築かなければならない。また，乳幼児期にふさわしい規則正しい健康的な生活習慣の確立と，安心感のなかでの情緒の安定を図ることが大切である。さらに子どもの動線に配慮したり，子どもが落ち着いて過ごせるような場の工夫やコーナーを設けたりするなど，安心・安全に配慮した環境の構成が必要である。

■個と集団の育ちをとらえる

　子どもの発達には個人差があり，それぞれの生活経験や興味・関心などによっても違いがみられる。毎日の保育では，子どもが経験していることの意味や，その子自身の思いはどの方向に向かっているのか，興味・関心は何なのかを感じながら保育に当たりたい。

　また，集団生活のなかで子ども相互のかかわりを通して新しい経験をして世界を広げ，コミュニケーションを図り，葛藤をしながら共に育つ姿を丁寧にとらえていきたい。

　個の育ちや個人差を認め合うことは集団の育ちにかかわり，集団での活動経験が個の世界を広げ成長を促す。この相互の関連性をとらえて，子どもの成長に活かすということに留意したい。

■遊びを通しての総合的な指導

　遊びは乳幼児期特有の学習である。遊びは遊ぶこと自体が目的である。子どもは周囲の環境とかかわったり，人とのかかわりを楽しんだりしながら充実感，達成感，挫折感，葛藤等を味わい，精神的にも成長する。また，遊びのなかで技術やさまざまな能力が獲得されるなど，遊びを通して総合的に発達が促されていく。子どもの生活に根ざした主体的な遊びを通して学びがあることに留意し，必要な体験が得られるように，保育者による状況づくりや適切な指導が必要である。

■子ども自らがかかわる環境の構成

　子どもの興味・関心を保育者が感じとり，思わずかかわりたくなるような魅力ある環境の構成が重要である，遊びの変化とともに再構成をしたり，子ども自らが環境構成をしたりして創造していく事が大切である。また自然環境や地域資源も環境として取り入れて園内だけではなく子どもが豊かな経験が重ねられるように工夫したい。1日の保育の振り返りでは以上の点について検討し，明日の保育につなげていきたい。そのなかで個々の子ども自身の育ちはどうであったか，そのための保育者の指導や援助はどうであったか，2つの視点から省察を加えたい。

　子どもの行動や育ちに見られる姿は，保育者としての自分自身のあり方と向き合う契機となる。保育者としての自分は子どもの欲求や要求に応える者であったか，謙虚に子どもと向き合う者であったか，願いは通じたのかなどである。保育者は常に子どもとともに成長する存在であることを忘れないようにしていきたいものである。

3 幼稚園における具体的な事例

　キリスト教（プロテスタント）系A幼稚園の指導計画を例として，保育者の保育実践後の評価と反省，振り返りの過程について事例を通して検討する。秋の1日，郊外の雑木林に園外保育に出かけた週のある日の実践である。日の指導計画を中心に，それらをPDCAサイクルの過程を通じて，振り返りを試みよう。

　この時期のA幼稚園の5歳児の指導計画における年間目標，期のねらいは，下記のとおりである。なお発達の節はI期〜V期に分けているが，当該月，IV期（11月〜12月）のねらいとIV期のねらいに対応する指導内容の視点を5領域の観点から示す。

年間目標
○友だちと園生活を十分に楽しみ意欲的にあそびや生活に取り組むとともに，主体的に行動して充実感を味わう。
○いつも神様に守られていることに感謝の気もちをもつ。
○クラスの友だちとのかかわりを通して社会生活における必要な態度を身につけ，みんなで協力したり役割を分担したりしながら目的を成し遂げる喜びを味わう。
○自然や身近な事象に興味や関心をもち，自分なりに考えたり，新しいことを発見したりする嬉しさを味わう。
○生活のなかで必要な言葉を身につけ，自分の気もちを表現すると共に，伝わる喜びや伝え合う心地よさを味わう。
○さまざまな体験を通じて心情を豊かにし，表現することの楽しさを味わう。

IV期（11月〜12月）のねらい
○遊びや生活のなかで，共通の目的をもって工夫しながら活動に取り組む。
○クリスマスの意味を知り，待ち，祝う。

3章　PDCAサイクルによる保育の質の向上

○自分たちの考えたことを遊びのなかで表現したり実現したりする楽しさを味わう。

指導内容の視点

○戸外遊びに意欲的に取り組み，友だちと一緒に遊びを発展させる。

○健康な体づくりに関心をもち，好き嫌いを減らすなど，健康な生活の習慣を身に付ける。

○遊びの進め方を友だちと話し合い，協力したりきまりを守ったりして遊びに取り組む。

○身近な自然の美しさや季節の移り変わりに親しむ。

○自然物を使ってさまざまな遊びを楽しみ，素材の感触や物の性質などに興味をもつ。

○身近な機器や用具を適切に遊びに生かす。

○生活のなかの言葉や文字・記号に関心をもち，遊びに取り入れる。

○友だちとのかかわりのなかで十分に思いを伝え合う。

○収穫感謝祭や園外保育を通して自然の恵みに感謝する。

○友だちと一緒にクリスマスの準備をすることを喜ぶ。

○さまざまな素材や用具を使って，イメージを実現しようとする。

○リズミカルに表現したり，表現を工夫して動いたりすることを楽しむ。

○地域の人々に関心をもってかかわり，親しみをもつ。

○いろいろな音や曲に親しみ，自分たちで音を試したり楽しんだりする。

○絵本や物語などに親しみ，想像を豊かに膨らませたり表現したりする楽しさを味わう。

　A園では，学年やクラスの子どもの現在の姿をもとに，担任が週の指導計画と日の指導計画を立案している。当該週のねらいと内容は次ページのように設定し，それをふまえた日の指導計画は表3-1のとおりである。

週の ねらい	○クリスマスを喜んで待ち，進んで準備をする。 ○友だちと考えを出し合い，共に遊びを進める楽しさを味わう。
内容	○歌や劇など，クリスマスを祝う計画をする。 ○考えたこと感じたこと，やってみたいことなどを言葉で伝え合いながら，いろいろな遊びに取り組む。

続いて，保育者の記録から反省評価を抜粋する。

保育者の記録（抜粋）

　先日の園外保育での経験や園庭の桜の木の落葉などから，子どもたちは秋の自然の変化に興味・関心を示している様子がうかがえた。落ち葉を掃き集め，基地に見立てて，ごっこ遊びに発展するタカシやヒロキ，リュウスケの姿が見られた。製作では前々日の続きとして友だちと"里山の探検地図を作ろう"と全紙大の画用紙を用意したが，前回グループで意気投合して，折り紙で里山の探検道をつくっていたミキやケイジたちのグループはリーダーシップを取っていたミキが他のグループに移ったため，盛り上がりに欠けているようだった。（中略）製作では子どもがさまざまな素材や用具などを使い工夫して活動に参加してほしいと考え，クラス全体の活動としたが，1日の流れのなかで後半に予定したため，時間配分が少なくなってしまい，活動が盛り上がらない原因だったかもしれない。明日からはこの活動は，登園後の好きな遊びのなかで，環境を整え，たっぷりと時間を取り，子どもの意欲や意志に任せて好きな活動を見つけて取り組むように無理のない計画をしなければならないと思う。

　保育者は園外保育での経験や，園庭の紅葉などに興味を示す様子から，子どもの生活の連続性をとらえて保育しようとした。記録では個々の子どもの取り組みを個人名やイニシャルで表記することによって，その子はどのような遊びに興味をもっているのか，子ども同士のかかわりや関係性はどのように変化していったのかをとらえることができる。これらに加えて，1人ひとりの子どもの発達の様子や，保育者のかかわりや援助の方法はどうであったかなども検討

表 3-1　日の指導計画

11月28日（金）9:00〜14:00　　　　　　　　　　　　　　5歳児　カンナ組

幼児の姿と保育者の願い
○さまざまな場面で，友だちと思いを伝え合ったり，一緒に遊びを考えたりする姿が見られる。 ○戸外で活動的に過ごすとともに，秋から冬への季節の変化を感じ，体験したり，表現したりして，友だちと一緒に遊びを深めてほしい。

ねらい	内容
○友だちと一緒に，体を動かして遊ぶことを楽しむ。 ○秋の自然に親しみ，感じたこと・考えたことを表現して楽しむ。	○遊具や用具を使った遊びや鬼ごっこなどを楽しむ。 ○自然物に触れ，色・形・手触りなどに興味をもち，友だちと協力して作ったり描いたりする。

予想される幼児の活動	★保育者の援助と○環境の構成
○登園する。 　・あいさつをする。 　・もち物の始末をする。 　・手洗い，うがいをする。	★あいさつを交わしながら，1人ひとりの健康状態を把握する。 ○防寒具が始末しやすいようにコート掛けを準備する。 ★風邪などの予防のため手洗いうがいの習慣がつくように，保育者も一緒に行いながら誘いかけていく。
○当番活動をする。 　・弁当を台所に運ぶ。 　・飼育栽培物の世話をする。 ○好きな遊びをする。	○あらかじめ弁当を集めるかごをテーブルに用意しておく。 ★本日の当番がそれぞれの役割を分担し，子どもが進んで当番の仕事をする姿を褒め，自信がもてるようにする。
〈保育室〉 レゴ，カプラ，折り紙，絵を描く，自然物で遊ぶ，図鑑・絵本を見るなど。	○前日の園外保育で集めた自然物，箱や容器などを出しておき，触ったり分類したりして楽しめるようにする。 ○自然物で遊びながら，子どものさまざまな表現方法に合わせて必要な材料，用具を準備する。
〈園庭・裏庭〉 ボール，縄跳び，落ち葉集め，砂場，鬼ごっこ，総合遊具など。	★子どもがアスレチックでさまざまに体を動かしたり，遊びを工夫したりする姿を認め，保育者も参加し言葉をかけながら遊んだり，一緒にダイナミックに体を動かしたりして遊びが盛り上がるようにする。 ○子どもの要求に応じて遊びに必要な遊具や用具を準備する。
○片づけをする。 ○手洗い，うがい，排泄をする。 ○礼拝をする。 　・讃美歌を歌う。 　・お話「クモの巣の扉」を聞く。 　・お祈りをする。	 ★イエスの誕生にまつわる物語を通して，クリスマスの意味を伝えていくと共に，情景が想像しやすいように演じる。
○製作「秋の里山」 　・折り紙，切り紙をする。 　・木の葉のスタンピングをする。 　・絵を書くなど。	○子どもが自分の考えでさまざまな表現ができるように，折り紙，絵の具，画用紙，ボンド，のりなどの材料を整えておく。 ★子ども同士が会話を交わしかかわり合いながら製作を進める姿を認め，お互いのやり取りを見守る。必要に応じて材料や用具の使い方の援助をする。
○手洗い，うがい，排泄をする。 ○昼食を食べる。 　・食事の準備をする。 　・食事をする。	 ★食前の祈りをとおして，調理してくれた方や手伝ってくれた当番に対して感謝の気もちが深められるようにする。
○好きな遊びをする。	○午前中の遊びの続きができるように，必要に応じて遊具の準備をしたり，戸外遊びに誘ったりする。
○降園準備・降園をする。	★防寒具など身支度が整っているか確認する。 ★月曜日も元気で登園することに期待をもつような言葉をかける。

したい点である。保育の振り返りでは，子どもの育ちの変化と保育者自らの保育姿勢はどうであったのか双方の省察が必要である。

　本記録では日の指導計画について，1日の活動のなかでの時間配分について反省がなされ，子どもが主体性を発揮して取り組むような，環境の整え方など，翌日への展望が示されている（下線部）。反省は課題を自覚化し改善へ向けての取り組みである。それによって新たな活動の方向性を予想し，とらえ直すことが大切である。

　本日の評価・反省をふまえ，保育者は"里山の探検地図づくり"が発展することを願って，2つ目のねらい「秋の自然に親しみ感じたこと考えたことを表現して楽しむ」とその内容「自然物に触れ，色・形・手触りなどに興味をもち友だちと協力して作ったり描いたりする」を継続した。また登園後の好きな遊びの時間に興味を持った子どもが主体的に活動できるように，具体的な環境の設定と保育者の援助を計画し，保育の実践に取り組むことにした。

○環境の設定

・作りかけの"里山の探検地図"は園庭に隣接するテラスに広げておき，いつでも続きができるように材料を整えておく。

・テラスに画用紙などの製作材料や用具を整えておくことで，園庭の落ち葉を集める子どもが落ち葉を貼ったり，かんむりにしたりしていろいろな製作が楽しめるようにする。

○保育者の援助

・保育者も一緒に落ち葉や木の実を動物の形などにして画用紙に貼って見せたり，子どものできた作品を飾ったりして楽しめるようにする。

・"探検地図"をつくる子どもには，「川があったね」「落ち葉もいっぱい落ちていたね」などといろいろな場所を思い出すような言葉をかける。その際，子どもが工夫して描いたり表現したりする方法を認めはげましていく。

　以上のように，さまざまな角度から保育を振り返り，省察を深めることで指導計画の見直しや改善を行い，新たな計画として，翌日

3章　PDCAサイクルによる保育の質の向上

表3-2 保育の振り返りのさまざまな視点

保育の計画	指導計画やねらいは適切だったか，実際の展開とズレはあったか，なぜそうなったのか，など
保育の環境	安全・衛生面は適切であったか，子どもの興味・関心や遊びの展開を促すものであったか，人とのかかわり合いや自然とのふれあいは十分もてたか，など
子どもの理解	心身の健康・発達の状態，子ども同士の関係，思いや興味，つまずいていることなどへの配慮，など
保育者のかかわり	言葉，目線，動き，個と集団への配慮の仕方，遊びや活動へのさまざまな援助の仕方やタイミングはよかったか，など
家庭との連携	保護者の意向を把握しているか，コミュニケーションをとり相互理解をしているか，など
保育者・職員間での連携	十分な連絡・協力体制が取られているか，適切な役割分担と相互の連携が図られているか，など

の保育に生かしていった。振り返りは保育者個人が行う場合もあるが，同僚や先輩保育者と話し合ったり，他の保育者の経験なども参考にしたりすることで，さらに視野が広がるものである。

　保育の振り返りの観点はさまざまであるが，自己評価の観点の一例を示すと表3-2のようになる。

■保育所における具体的な事例

　保育所における指導計画は幼稚園と同様に立てられる。しかし，3歳未満児は心身の発・発達が顕著で，同じ月齢でも個人差も大きい。クラスの指導計画だけでは対応できない面を補い，1人ひとりの子どもの状態に即した保育が展開できるよう，「個別的な計画」の作成が必要である。表3-3に示す指導計画は，月の指導計画に個別的な計画が含まれている書式の例である。

　本事例では個別的な計画についての保育の振り返りを試みる。

43

表3-3 月の指導計画（塩野マリ編著 『0歳児の指導計画』ひかりのくに，2009より作成）

○年度　　4月の指導計画

<table>
<tr><td rowspan="2">ねらい</td><td>○新しい環境に慣れ，保健的で安全な環境の
　なかで安心して過ごせるようにする。
○1人ひとりの家庭での生活リズムを大切に
　して，生理的欲求を満たし快適に過ごせる
　ようにする。
○優しく語りかけてもらったり，あやしても
　らったりして保育者とのやりとりを心地よ
　く感じる。
○身の回りの生活用品や玩具などを見たり
　触ったりして感覚や運動的な遊びを楽しむ。
○保育所での授乳や食事に慣れる。</td><td rowspan="2">行事</td><td>〈園〉
○入園式
○進級式
○避難訓練
○誕生会
○身体計測

〈地域および保護者〉
○子育て支援事業（園庭開放）</td></tr>
</table>

内容	○清潔で安全な環境への配慮のもと，生理的・心理的な欲求を満たし，安心して過ごす。 ○1人ひとりの入眠のリズムやくせなどに応じた，保育者のかかわりによって気もちよく眠る。 ○オムツをこまめに交換してもらい，気もちよさを感じる。 ○担当の保育者に抱かれたり，あやしてもらったり，発声や喃語に応答してもらったりして楽しむ。 ○健康・身体発育の状態，発達に応じて，十分に体を動かして遊ぶ。 ○保育者に介助されて飲んだり，自分から少しずつ食べようとしたりする姿を受け止めてもらい，安 　心して食事を進めていく。

<table>
<tr><td rowspan="12">環境と援助・配慮</td><td>食育</td><td>○保育士，管理栄養士，調理員を含めた会議により，1人ひとりの発達や離乳食の進行具合を
　把握し，個別のメニューを作成する。
○担当の保育者と子どもはゆったりと向かい合い，子どもに合わせた離乳食を用意し，「おいし
　いいね」「もぐもぐ」など声をかけながら，意欲的に食べる姿を援助する。
○生活全体のプログラムに配慮し空腹感を覚え，食事のリズムが整うようにする。
○授乳はしっかり抱いて安定した状態で進める。</td></tr>
<tr><td>睡眠</td><td>○1人ひとりの生活リズムを把握して，眠たいときに熟睡できるように環境を整える。
○ベッドの位置，採光に配慮する。</td></tr>
<tr><td>健康</td><td>○既往症や体質を知り，日々の健康観察を丁寧に行う。1人ひとりの日常の様子を把握し，体
　調の異常の早期発見に努める。異常があった場合は適切に対応する。
○睡眠時は5分から10分ごとに観察を行い，健康状態を確認する。
○身体計測を行い発育の様子を把握する。
○こまめにオムツの交換を行うことで気もちよさを感じ，安心できるようにする。</td></tr>
<tr><td>遊び</td><td>○個々の発達や興味に見合ったかかわりをするようにする。
○気持ちよい気候のなか，散歩などで戸外に出て外気にふれる。
○依存や欲求を受け止め，あやしたりふれあい遊びをしたりして情緒が安定して過ごせるよう
　にする。</td></tr>
</table>

<table>
<tr><td rowspan="2">保健・安全への配慮</td><td rowspan="2">○安心して探索活動ができるように，室
　内外の玩具や遊具の安全点検を丁寧に
　行い，整理整頓に努める。
○何でも口に入れるので玩具の衛生と安
　全の管理を徹底する。
○転倒によるけががないよう目を離さな
　い。</td><td rowspan="2">家庭との連携</td><td>連絡</td><td>○生活リズムを把握するため，連絡帳の記入を忘
　れずにしてもらう。
○健康調査票に記入し提出してもらう。</td></tr>
<tr><td>支援</td><td>○離乳食メニューは写真を利用して知らせ，わか
　りやすく説明し，調理の形態の連携を図る。
○アレルギー児の食事の対応については，医師の
　指示に従い，保護者と職員などと連携を密にす
　る。</td></tr>
</table>

44

0歳児　　　　　　　　　　　　　ヒヨコ組　担任：○○○○

	アイ（女児）4カ月	ショウタ（男児）6カ月	ユウキ（男児）11カ月
子どもの姿	○生活のリズムにバラつきがある。 ○200ccのミルクを飲むのに30分以上かかる。 ○ほ乳瓶での授乳に慣れていない。 ○目で見た物を手を伸ばしてつかもうとする。口へ持っていき確かめている。	○寝返りができるようになる。 ○寝入るまでタオルをもつ。 ○ミルクはしっかり200cc飲む。 ○野菜スープをスプーンで口元に持っていくと、こぼしながら少し飲もうとする。 ○うつぶせでよく遊ぶ。 ○しりを浮かしてハイハイしようとする。 ○玩具を取ろうとして右方向に回転する。	○午前睡の時間帯が毎日一定せず生活リズムが把握しにくい。 ○離乳食をよく食べ、「アーアー」と、口を開けお代わりを催促する。 ○探索活動が旺盛でハイハイで階段も上がろうとする。 ○初めての人や馴染みのない保育者には人見知りをする。担任が抱いて情緒を安定させるが、泣いている状態がある。
ねらい	○家庭での生活リズムを把握してゆったりと過ごせるようにする。 ○特定の保育者がかかわり、欲求を充実させ、安心して過ごす。	○家庭での生活リズムを把握してゆったりと過ごせるようにする。 ○特定の保育者がかかわり、欲求を充実させ、安心して過ごす。	○生活のリズムを整え、快適に過ごす。 ○欲求や愛着行動をしっかり受容してもらうことで安心する。
食育	○母乳からは乳瓶による授乳に慣れる。	○離乳初期食を少しずつ食べさせてもらう。	○離乳後期食、3回食とミルクの食事形態になる。 ○ミルクは徐々にコップから飲む。
環境と援助・配慮	○授乳の際、好みの温度に調整し、しっかりさますようにする。 ○ほ乳瓶に慣れない場合は冷凍母乳を準備して飲ませ、徐々に慣れるようにする。 ○授乳後立て抱きにしてゲップを出すようにする。 ○快適な生活リズムで過ごせるように泣き声などさまざまな欲求に適切に対応する。 ○起きているときは特定の保育者が玩具であやしたり喃語に応じたりして、信頼関係が育つようにする。 ○オムツ替えのときは体をさすり、声かけをして気もちよさが感じられるようにする。	○保護者・調理担当者共に綿密に連絡を取り合い、家庭での様子を参考にしながら離乳食を進めていく。 ○不安のあるときは愛着のあるタオルを持って安心して眠れるようにする。寝入ったら取り除き安全に配慮する。 ○排泄のサインやリズムに配慮する。オムツ交換時はきれいになった心地よさを感じられるように優しく声をかける。 ○保育者も腹ばいになって、前方から向き合いハイハイできるよう働きかける。 ○いろいろな素材の玩具を用意し、感覚が豊かに育つようにする。	○食べる意欲が見られるので手摑みで食べられるような食材の形状にしていく。 ○「カミカミ」「ゴックン」などと保育者もして見せ、声をかけながら食べ方のしぐさがわかるように伝える。 ○探索への欲求を満足させながら、保育室や保育者への安心感を育む。 ○移動の際は転倒などを予防するよう、いつでも手を差し伸べられる位置にいて援助する。 ○午前睡の前は落ち着くような抱き方や、園庭に出て子守歌などを口ずさむなどして安心して眠れるようにする。 ○人見知りをするときは、担任が抱くなどして安心できるようにする。日頃から担任と園庭などを散歩し、いろいろな人との触れ合いの経験を大切にする。
反省・評価 （自己評価）	○ほ乳瓶は母乳を飲ませながら様子を見ると徐々に慣れてきたようである。また、離乳食は家庭で1回食が始まった。様子を見ながら導入のタイミングを図る。 ○生活のリズムが整いつつあるが、日によって不規則なときもある。引き続き家庭での様子をうかがいながら指導計画を進めていく。	○寝返りをしながら、移動するので安全のために子どもの動きを見通すようにしなければならない。 ○新入園児の生活リズムが不安定ななかで十分な対応ができず、寝つくときに不安になってしまう。各自のリズムや癖を把握し、時間差を利用して1人ひとりに応じてじっくりとかかわるようにする。	○昼食の前には必ず眠るようになったので、機嫌よく食事ができるようになってきた。人見知りが激しいので特定の保育者がかかわるようにして安定を図った結果、クラスの担任にはずいぶん慣れて安定して過ごせるようになった。

▶6 保育所保
育指針第2章
「保育の内容」1
「乳児保育に関
わるねらい及び
内容」を参考に
しよう。平成

保育所保育の指導計画作成の際には，養護（子どもの生命の保持及び情緒の安定）の理念を踏まえて，保育が展開される。さらに，以下の要点を適切にとらえなければならない。

---

①ねらい

ねらいは当該年齢の発達過程を見通し，実際の子どもの生活や活動の実態を考慮して，その月に保育において育みたい資質・能力を子どもの生活する姿からとらえたものである。

②内容

個人差を大切にしつつ子どもの興味などにも目を向けて，乳幼児にふさわしい生活のなかで，ねらいを達成するために保育者が適切に行う事項と，保育者の援助によって子どもが自ら環境にかかわり身に付けていくことが望まれる事柄を書く。

③行事

その月に保育に取り入れたい行事を記入する。子どもの生活を豊かにするような年齢に応じた参加の仕方なども配慮したい。

④環境と援助・配慮

「ねらい」を達成するために保育者が行う具体的なかかわりや環境構成である。食育・排泄・睡眠・着脱・清潔などの生活習慣への配慮や，子どもの主体的な遊びや経験を促すような環境や援助する事柄を書く。

⑤保健・安全への配慮

子どもの健康と安全を守ることは保育の基本である。特に生活を大人にゆだねる乳児については安全管理を徹底し，身の回りの環境の配慮事項を記入する。保健や安全に関する保育者間の確認事項や連携も意識する。

⑥家庭との連携

3章　PDCAサイクルによる保育の質の向上

　保護者と保育の状況を共有する。また家庭の養育の支援になるような情報や連携などについて記入する。保護者と日頃から連絡を密接に行い，災害発生時の対応体制を整え協力が得られるようにする。

⑦個別的な計画

　3歳未満児については，個別的な計画を作成する。前月の記録全体から，その子の現在の発達や活動の実態，個人差に留意する。望ましい育つ姿を目指して「生命の保持」「情緒の安定」や「健康」「人間関係」「環境」「言葉」「表現」などの面からのバランスを考えながら計画を作成する。保育所保育指針（平成29年告示）では乳児保育に関して，身体的発達，社会的発達，精神的発達の視点からのねらいが示されている　6。発達の方向性を見通して計画を立てることが大切である。

　事例は4月の新入園児3名の指導計画である。ユウキ（男児，11カ月）についての保育者の記録の一部を振り返り，翌月の指導計画ではどのように反映していくべきかを考えてみよう。

29年の改定では，ねらい及び内容は乳児，3歳未満児，3歳以上児のそれぞれに

事例3-1　ユウキの4月の生活状況

　午前睡の時間が一定しにくかったため，昼食の途中で眠くなることがある。ハイハイでよく動くようになったので一緒について見守り，安心して過ごせるようにした。徐々に午前睡から午睡に移行していった。寝かしつけるとき，他児と時間が重なり，保育者が一緒にいないと落ち着いて眠れず泣いてしまうときがある。

　バランスを取りながらつたい歩きが始まった。行動範囲が広がりあちこちに移動することが楽しいようである。食べる意欲も旺盛で指先で食材をつかみ口に運んでいる。

　保育者と視線をあわせ「アーアー」と好きなボールや，絵本の絵を指差し，保育者の応答を楽しんでいるように感じられる。

ついて示されることになった。

47

4月は園児やその家族だけではなく，新入園児を迎える保育者も未知の世界——新しい出会いに対する不安がある。指導計画の作成の際には入所前の家庭での子どもの様子を聞き取って，月の指導計画および個人の保育のねらいを立てる。保育者が子どもの発達に見通しをもつために，発達過程を理解していることは最低の要件である。また，4月末には0歳児クラスの保育者4人でクラスの子どもの様子を話し合った。その際指摘されたことは次のような点である。

記録からユウキの「睡眠」については不規則さがうかがえ，不安な様子も見られる。「保育所での生活のリズムの確立」と「身近な大人との情緒的なつながり」が発達の課題の1つであると考えられる。また行動面から「探索活動」「運動機能の発達」や「一語文のはじまり」などの発達の様子を読み取り，次の発達に向かう見通しが立てられる。これらの事柄をふまえて翌月のねらいは情緒の安定を図るという点におき，4月の個人のねらいを2つとも継続することにした。それに加えて発達を見通し，「指差しに答えてもらうことで，喜んで声を出したり喃語で応じようとしたりする」「探索活動を楽しみ気に入った環境にかかわろうとする」食育のねらいとしては「手摑み，スプーンを使って自分で食べようとする気もちが芽生える」などを設定することにした。

環境と援助・配慮事項として

・午睡の前はお気に入りの子守歌と抱っこを継続する。また他児と時間を少しずらして，特定の担当者が「トントン」と背中をさすりゆったりとかかわる。安心して眠ることで，午睡のリズムを確立していく。

・絵本を見ながら指差しや喃語に応答し，丁寧に話したり，友だちと一緒に声を発したりする機会をもつことで言葉を引き出すようにする。

・探索活動を満足させながら，危険な行為は言葉でしっかり知らせるようにする。

・手摑みを認めながら，保育者も一緒に食べ，スプーンをもちたがる気もちに応じてスプーンを握らせて，自分で食べられるように必要に応じて援助する。

3章　PDCA サイクルによる保育の質の向上

　振り返りを行う際には，複数の担任全員でそれぞれのケースについて話し合い，すべての子どもの生活について見落としのないように，いろいろな側面から検討することが必要である。職員相互の話し合いなどを通じて，保育の課題をより明確にすることができるのである。こうした過程を通して，保育計画の改善と充実を図り，保育の質をより高めていく努力が大切である。

　さらに保育者として子どもの心の育ちや意欲，取り組む過程などにも配慮できたか，子どもの家庭での状況の理解や保護者の養育態度に共感し，共に育てる姿勢をもって援助することができたかなどの視点も加えて，自己評価の質を高めていきたい。

参考文献

北野幸子編著『保育課程論』北大路書房，2011

厚生労働省『保育所保育指針』フレーベル館，2017

塩野マリ編著　『CD-ROM 版指導計画立案ノート①　0 歳児の指導計画』ひかりのくに，2009

柴崎正行・川原佐公監修，古橋紗人子編著『CD-ROM 版年齢別クラス運営 0 歳児のクラス運営』ひかりのくに，2010

森上史朗・柏木霊峰編『保育用語辞典　第 7 版』ミネルヴァ書房，2013

文部科学省『幼稚園教育指導資料第 3 集　幼児理解と評価』ぎょうせい，2010

4章 教育要領と保育指針，教育・保育要領にみる保育の計画

1 幼稚園教育要領

わが国における近年の状況，たとえば都市化，情報化，自然破壊，核家族化，少子化問題などの社会の状況に加えて，子どもの虐待や貧困問題など，子どもを取り巻くさまざまな問題状況が起きている。教育基本法（2006）において，幼児期の教育は「生涯にわたる人格形成の基礎を培う重要なもの」と位置づけられ「その振興に努めなければならない」とされている。中教審答申➡1 は，情報化，グローバル化の加速によって，21 世紀の社会や生活は大きく変化することを見通している。そのような時代にあって，変化を受け止め，感性を豊かに働かせ，よりよい社会や幸福な人生を自ら作り出す力の育成が求められているのである。そのために，幼稚園や保育所，幼保連携型認定こども園などにおける幼児教育の役割に期待されるものは大きい。

幼稚園は学校教育法（2007）第 1 条によって「学校」として規定され，第 22 条において目的が示されている。

➡1 2016（平成 28）年 12 月中央教育審議会答申「幼稚園，小学校，中学校，高等学校及び特別支援学校の学習指導要領等の改善及び必要な方策等について」

学校教育法　第 3 章　幼稚園

第 22 条　幼稚園は，義務教育及びその後の教育の基礎を培うものとして，幼児を保育し，幼児の健やかな成長のために適当な環境を与えて，その心身の発達を助長することを目的とする。

4章　教育要領と保育指針，教育・保育要領にみる保育の計画

　幼稚園教育の目的を実現するために，同法第 23 条において「健康」「人間関係」「環境」「言葉」「表現」の各領域の視点から教育の目標➡2 が掲げられ，それぞれの目標を達成するために行われるものであるとされている。教育課程その他の保育内容に関する事項は同法第 25 条に示され，学校教育法施行規則（2011）第 38 条では幼稚園教育要領は法令に準ずるものであり，幼稚園の教育課程の編成や指導計画の作成，その他の保育内容の基準について，従わなくてはならないことになっている。

◀ 2　7 章 ①「幼稚園におけるカリキュラム作成のための諸法令」(p.94) を参照されたい。

学校教育法　第 3 章　幼稚園

第 25 条　幼稚園の教育課程その他の保育内容に関する事項は，第 22 条及び第 23 条の規定に従い，文部科学大臣が定める。

学校教育法施行規則　第 3 章　幼稚園

第 38 条　幼稚園の教育課程その他の保育内容については，この章に定めるもののほか，教育課程その他の保育内容の基準として文部科学大臣が別に公示する幼稚園教育要領によるものとする。

　幼稚園教育は，幼児の望ましい発達を促すために，園と家庭が連携を図りながら，保育者と幼児の信頼関係に基づき，より良い保育環境を創造しながら行われなければならない。幼稚園は遊びや生活を通して子どもがもつ本来の力を自分らしく発揮できる場として，適切な物的，人的，社会的な環境によって幼児の発達を促す役割を果たす。子どもが自ら環境に働きかけることによる，さまざまな体験やそこでの育ちが「生きる力」の基礎を培うのである。

　幼稚園教育要領では幼稚園教育の基本として，第一に「①安定した情緒のもとで自己を十分に発揮するような幼児期にふさわしい活動の展開，②発達の基礎を培う学習として，遊びを通しての総合的

な指導，③一人一人の特性に応じた発達の課題に即した指導」の3項目が示されている。第二に，「幼児教育において育みたい資質・能力」の3つの柱◀3を示し，具体的に幼児期の終わりまでに育ってほしい10の姿が示されている。保育者はこれらをふまえて，子どもや保護者を取り巻く現代的な問題状況をとらえながら，人間形成の礎（いしずえ）ともいえる幼児期の教育に取り組まなければならない。

◀3 「生きる力の基礎」を育むために，幼稚園教育の基本をふまえて資質・能力を一体的に育むよう努めるものである。「知識及び技能の基礎」「思考力・判断力・表現力等の基礎」「学びに向かう力，人間性等」の3つの柱は小学校教育との連続性をふまえた視点である。

2 保育所保育指針

　保育所保育指針は，2008（平成20）年の改定から，厚生労働大臣の告示として規範性を有する基準となった。また平成29年告示の保育所保育指針では，第1章「総則」において，法令上の根拠と保育内容に関する事項と運営，保育指針の目的を以下のように規定している。

第1章　総則

　この指針は，児童福祉施設の設営及び運営に関する基準（昭和23年厚生省令第63号。以下「設備運営基準」という。）第35条の規定に基づき，保育所における保育の内容に関する事項及びこれに関連する運営に関する事項を定めるものである。各保育所は，この指針において規定される保育の内容に係る基本原則に関する事項等を踏まえ，各保育所の実情に応じて創意工夫を図り，保育所の機能及び質の向上に努めなければならない。

児童福祉施設の設備及び運営に関する基準　（保育の内容）

第35条　保育所における保育は，養護及び教育を一体的に行うことをその特性とし，その内容については，厚生労働大臣が定める方針に従う。

　また，保育所保育の目的として，指針に以下のように定められている。

4章　教育要領と保育指針，教育・保育要領にみる保育の計画

---

(1) 保育所の役割

ア．保育所は，児童福祉法（昭和22年法律第164号）第39条の規定に基づき，保育を必要とする子どもの保育を行い，その健全な心身の発達を図ることを目的とする児童福祉施設であり，入所する子どもの最善の利益を考慮し，その福祉を積極的に増進することに最もふさわしい生活の場でなければならない。

保育所保育は，子どもの最善の利益を考慮し子どもの状況や発達過程をふまえ環境を通して，養護と教育を一体的に行うことをその特色とする。「養護」とは子どもの生命の保持と情緒の安定を図るための保育者の援助やかかわりであり，保育全体を通じて保育所保育指針に示された「養護」に関するねらい及び内容をふまえた保育展開がなされなければならない。「教育」とは環境などを通して子どもが健やかに成長し，活動が豊かに展開されるような発達の援助である。さらに，子ども・子育て支援新制度（2015）の展開のもとで，入所児童の保護者支援や，地域の在宅子育て家庭への支援などの機能も保育所の働きとして重要視されている。

保育所保育では質の確保された幼児教育や保育サービスの充実，すなわち入所時の待機児童なし，延長保育，病児保育，一時保育などが期待されている。さらに地域子育て支援拠点事業，保護者支援など保育所保育の多様化が進んでいる。これらの現状をふまえて，保育所保育指針に示されている保育機能と保護者支援の機能の両方を果たしていくことが保育所保育の役割となっている。

3　幼保連携型認定こども園教育・保育要領

幼保連携型認定こども園における教育および保育は認定こども園法➡4 第2条第7項に目的が規定され，第9条に目標➡5 が掲げられている。

➡4　就学前の子どもに関する教育，保育等の総合的な提供の推進に関する法律の通称。

➡5　健康，人間関係，環境，言葉，表現の各視点からの目標および「快適な生活環境の実現及び子どもと保育教諭その他の職員との信頼関係の構築を通じて，心身の健康の確保及び増進を図ること」の6つの目標が示されている。

53

認定こども園法　第2条7項
この法律において「幼保連携型認定こども園」とは，義務教育及びその後の教育の基礎を培うものとしての満三歳以上の子どもに対する教育並びに保育を必要とする子どもに対する保育を一体的に行い，これらの子どもの健やかな成長が図られるよう適当な環境を与えて，その心身の発達を助長するとともに，保護者に対する子育ての支援を行うことを目的として，この法律の定めるところにより設置される施設をいう。

　　　　目的に示された「教育並びに保育を必要とする子どもに対する保育を一体的に行い」とは幼稚園教育要領に示されるように子どもの学校教育の基礎を培うこと，および保育所保育指針に示される「養護」に基づく健全な育成が確保されることと理解できよう。
　　　　また，幼保連携型認定こども園の教育および保育の内容は以下のように，認定こども園法第10条に示される。

認定こども園法　第10条（教育及び保育の内容）
幼保連携型認定こども園の教育課程その他の教育及び保育の内容に関する事項は，第2条第7項に規定する目的及び前条に規定する目標に従い，主務大臣が定める。
2　主務大臣が前項の規定により幼保連携型認定こども園の教育課程その他の教育及び保育の内容に関する事項を定めるに当たっては，幼稚園教育要領及び児童福祉法第45条第2項の規定に基づき児童福祉施設に関して厚生労働省令で定める基準（同項第三号に規定する保育所における保育の内容に係る部分に限る。）との整合性の確保並びに小学校（学校教育法第1条に規定する小学校をいう。）及び義務教育学校（学校教育法第1条に規定する義務教育学校をいう。）における教育との円滑な接続に配慮しなければならない。
3　幼保連携型認定こども園の設置者は，第1項の教育及び保育の内容に関する事項を遵守しなければならない。

　　　　幼保連携型認定こども園教育・保育要領では，幼稚園教育，保育所保育との整合性や小学校教育との接続が考慮されながら，子ども

4章　教育要領と保育指針，教育・保育要領にみる保育の計画

の心身の発達の助長が目指されるのである。さらに在園する保護者だけでなく，地域の保護者に対する子育ての支援⏩6 が義務付けられている。

4　全体的な計画

　幼稚園教育要領においては第1章「総則」に示される「幼稚園教育の基本」に則り，第2「幼稚園教育において育みたい資質・能力」および「幼児期の終わりまでに育ってほしい姿」をふまえて「教育課程」を編成する。教育課程はカリキュラム（curriculum）ともいわれ，幼稚園の教育時間の全体にわたって教育の目的や目標に向かう道筋を示すものである。教育課程を中心に「教育課程に係る教育時間終了後等に行う教育活動の計画」「学校保健計画」「学校安全計画」を関連させて一体的に教育活動が展開されるように，「全体的な計画」の作成が必要である。また，教育課程編成については，基本的な方針は家庭や地域に開かれ，共有されることが目指される。

　幼稚園における「指導計画」は教育課程をもとに幼児の発達や生活の実情などに応じて，ねらいや内容を設定し，幼児が自ら意欲的にかかわるような環境を考慮して，具体的な指導の内容や方法を予想して立案したものである。教育課程が幼稚園教育計画の骨格であるならば，それを子どもの経験をふまえながら具体化したものが指導計画である。指導計画は長期的に発達を見通した年，学期，期，月の計画や短期的・具体的に幼児の生活に即した週，日の計画がある。子どもの成長・発達における長期的な見通しを持つことと，今の子どもの姿を具体的にありのままにとらえ，保育を組み立て柔軟に計画することで，子どもの望ましい育ちに資する実践につながるのである。

　昨今は地域の実態や保護者の要請により，2014（平成26）年6

⏩6　幼保連携型認定こども園の学級の編制，職員，設備及び運営に関する基準 第10条（子育て支援事業の内容）を参照されたい。

▶7 内閣府ホームページ「平成27年版 少子化社会対策白書」。

月現在「預かり保育」を実施している幼稚園の割合は，約83％になっている▶7。これは「教育課程に係る教育時間終了後に行う教育活動など」と位置づけられている。預かり保育では教育課程に基づく活動内容を考慮し，担当する保育者との緊密な連携を取りながら，教育活動として幼児の心身の負担に配慮した適切な計画の作成を行わなければならない。また，障害のある幼児については，幼稚園機能を生かしながら，個々に応じた適切な指導や支援を計画的・組織的に行うために「個別の指導計画」の作成や家庭や専門機関と連携を図り，「個別の教育支援計画」を作成し，教職員の共通理解のもとでの指導が必要である。

幼児の健やかな成長と心身の発達は，家庭，地域社会，幼稚園などにおけるさまざまなかかわりによって促されていく。幼稚園は配慮された適切な環境の下で幼児が無理なく必要な経験を重ねていける場でありたい。

保育所保育指針における「全体的な計画」は，保育所機能と質の向上を目指し，保育の目標を目指す仕組みとして保育所保育指針第1章「総則」をふまえながら，長期的な見通しと保育の全体像を包括的に示すものである。これは従来の保育課程にかわって作成される。そしてこれを具体化した「指導計画」，さらに3歳未満児については「個別的な計画」，障害のある子どもに対する「個別の支援のための計画」の作成も規定している。また，子どもの健康支援のための「保健計画」，食育の推進として「食育計画」を作成しなければならないとされている▶8。

▶8 「全体的な計画」「指導計画」については指針第1章3「保育の計画及び評価」，「保健計画」「食育計画」については第3章「健康及び安全」を参照。

保育所における「全体的な計画」は保育時間の長短，在所時間の長短，途中入所などにかかわりなく入所児童すべてを対象とし，各保育所の事情によって延長保育，夜間保育，休日保育も含めて子どもの生活全体をとらえて組織的・計画的に編成されるものである。

「指導計画」は「全体的な計画」に基づく保育目標や保育方針を具体化した計画であり，具体的なねらいと内容，環境構成，予想さ

4章　教育要領と保育指針，教育・保育要領にみる保育の計画

れる活動，保育者の援助，家庭との連携などで構成される。

　子どもの最善の利益のために多様な機能を果たすことは，保育所保育の根幹といえる。保育の実施に当たっては「全体的な計画」に基づき子どもの発達や生活の状況に応じた具体的な「指導計画」やその他の計画を作成し，子どもが主体的にかかわるような環境を通して保育することが基本となる。

　幼保連携型認定こども園は，学校としての幼稚園の機能と児童福祉施設としての保育所の機能をあわせ持つことをふまえたい。幼保連携型認定こども園教育・保育要領に示すところに従って，教育および保育の内容ならびに子育ての支援などに関する「全体的な計画」の作成を行う。「全体的な計画」は園児の入園から修了までの在園期間の全体にわたり，目標に向かってどのような過程をたどって教育および保育を進めていくのかを示すものであり，子育ての支援などと連携して園児の園生活全体をとらえて作成する計画である。

　具体的な指導計画は全体的な計画をもとに適切な指導が行われるよう作成する。特に，認定こども園では園児の教育および保育時間が多様であることをふまえた指導計画の作成が必要である➡ 9。

　平成 29 年の告示では幼稚園教育要領，保育所保育指針，幼保連携型認定こども園教育・保育要領との整合性がこれまで以上に図られており，指導計画の作成に際して共通点も多い。幼稚園，保育所，幼保連携型認定こども園が社会的責任を果たしていくように保育の計画を位置づけることは重要であり，養護と教育を担う保育者の専門性を発揮できるように工夫していきたい。

➡ 9　3 歳以上の教育課程に関連する時間の計画，3 歳以上の保育を必要とする子どものための計画，3 歳未満の保育を必要とする子どものための個別的な計画を作成する。

5　子ども 1 人ひとりの健全な成長発達のためにある保育の計画

　保育所保育指針，幼稚園教育要領および幼保連携型こども園教育・保育要領では，保育の計画の際に，子どもの望ましい育ちの方

57

表4-1 「全体的な計画」「教育課程」の編成

	保育所保育指針 全体的な計画	幼稚園教育要領 教育課程	幼保連携型認定こども園 教育・保育要領 全体的な計画
根拠法令など 目的・目標	○児童福祉法 第39条「保育所の目的」 ○保育所保育指針第1章「総則」1（2）「保育の目標」 ・養護（「生命の保持」「情緒の安定」）と「教育」（「健康」「人間関係」「環境」「言葉」「表現」に関する目標）	○教育基本法 第1条, 第2条 ○学校教育法 第22条「幼稚園の目的」 ○学校教育法 第23条「幼稚園教育の目標」 ・「健康」「人間関係」「環境」「言葉」「表現」の領域に関する目標	○認定子ども園法 第2条第7項 ○認定子ども園法 第9条「目標」 ・「教育」（「健康」「人間関係」「環境」「言葉」「表現」）および心身の健康に関する目標
各園の 目標の作成	○第1章「総則」1（2）に示した保育の目標を達成するために保育所の保育方針や目標に基づく。	○幼稚園教育において育みたい資質能力をふまえつつ各園の創意工夫, 園児の発達, 地域の実態に即して各園の教育目標を明確にする。	○教育および保育において育みたい資質・能力をふまえつつ, 各園の創意工夫, 園児の地域の実態に即して教育および保育の目標を明確にする。
構造	○「全体的な計画」は保育所保育の全体像を包括的に示すもの。これに基づく「指導計画」「保健計画」「食育計画」等を通じて各保育所が創意工夫して保育を行う。	○教育課程を中心に,「教育課程に係る教育時間の終了後等に行う教育活動の計画」「学校保健計画」「学校安全計画」が一体的に教育活動を展開するよう全体的な計画を作成する。	○教育と保育を一体的にとらえ, 園児の入園から修了までの在園期間の全体にわたり, 目標に向かう過程。子育て支援と連携して園児の生活全体をとらえる。
教育課程・全体的な計画に係る時間	○1日8時間を原則とし, 延長保育, 夜間保育, 休日保育等を含む, 子どもの生活全体。	○教育課程に係る教育週数は, 特別の事情のある場合を除き39週を下ってはならない。 ○一日の教育課程に係る教育時間は4時間を標準とする。	○満3歳以上の教育課程に係る教育週数は, 特別の事情のある場合を除き39週を下ってはならない。 ○1日の教育課程に係る教育時間は4時間を標準とする。 ○保育を必要とする子どもは1日8時間を原則とする。（3歳以上は教育時間を含む。）
編成の原則	○子どもや家庭の状況, 地域の実態, 保育時間を考慮する。 ○子どもの発達過程をふまえる。 ○保育の内容が保育所生活全体を通して, 総合的に展開されるよう編成。 ○子どもの育ちに関する長期的な見通しを持つ。	○教育時間, 幼児の生活経験や発達の過程などを考慮する。 ○幼児期の発達の特性をふまえる。 ○幼稚園生活の全体を通して第2章に示すねらいが総合的に達成されるよう具体的にねらいや内容を組織する。 ○入園から終了に至るまでの長期的な視野をもつ。 ○編成の基本的な方針が家庭や地域とも共有されるよう努める。	○教育課程に係る教育期間, 園児の生活経験や発達の過程などを考慮する。 ○乳幼児期の発達の特性をふまえる。 ○園生活の全体を通して第2章に示すねらいが総合的に達成されるよう, 具体的にねらいや内容を組織する。 ○入園から修了に至るまで, 長期的な視野をもつ。 ○編成の基本的な方針が家庭や地域とも共有されるよう努める。
編成の留意事項	○全体的な計画に基づく各指導計画を通じて, 各保育所が創意工夫できるよう作成する。	○主体的な活動の展開。 ○3歳児, 3歳未満児への配慮。 ○安全な環境の配慮。 ○小学校との接続に留意する。	○乳幼児期にふさわしい生活を通した, 創造的な思考や主体的な生活態度等の基礎を培う。 ○教育および保育と小学校教育との円滑な接続を図る。

4章　教育要領と保育指針，教育・保育要領にみる保育の計画

表4-2　指導計画の作成の主なポイント

ねらいと内容の設定	指導計画作成上の留意事項
○全体的な計画に基づき作成する。（保育所・認定こども園） ○教育課程に基づき作成する。（幼稚園） ○具体的なねらいおよび内容を明確に設定する。 ○ねらい達成のための適切な環境構成により子どもの活動が選択，展開されるように考慮する。 ○子どもの発達過程を見通す。 ○生活の連続性，季節の変化等を考慮する。 ○乳幼児の興味・関心，発達の実情に応じる。 ○さまざまな活動を展開し必要な体験を得られるような適切な環境。 ○園児が自ら活動を展開するために必要な保育者の援助。	○子どもの生活や発達を見通した長期の指導計画，具体的な生活に即した短期的な指導計画の作成。 ○生活リズム，意識や興味の連続性と相互の関連性をもち，幼稚園生活の自然な流れに組み込まれるようにする。 ○さまざまな人やものとのかかわりによる主体的・対話的で深い学びの実現。 ○言語活動の充実。 ○幼児が遊びの見通しと振り返りを行う工夫をする。 ○行事の価値の検討と精選。 ○情報機器活用と体験との関連を考慮する。 ○幼児の主体的な活動と教師の多様な関わりによる適切な指導。 ○1人ひとりと集団のそれぞれの多様な活動に適した援助。

向性を見きわめ，保育を進めていく道筋の基本事項が示されている。全体的な計画・教育課程の編成（表4-1）および指導計画の作成（表4-2）について示されている事柄をキーワードで示し，保育の計画の作成の基本事項について概要を理解していく。

　表4-1からも明らかなように，保育所および幼保連携型認定こども園の全体的な計画と幼稚園の教育課程は，その編成の基本的な考え方については共通性が強いといえよう。幼稚園の教育課程および幼保連携型認定こども園の全体的な計画では「カリキュラム・マネジメント」，すなわち，園の教育課程や全体的な計画の実施状況の評価と改善，実施のための人的・物的体制の確保と改善などを通して，組織的・計画的に園の教育・保育活動の質の向上を図っていくことが求められている。保育所においては，保育所保育指針第1章3「保育の計画及び評価」に示す内容において保育の質の向上が図られている。

　幼稚園，保育所，幼保連携型認定こども園における保育の計画は

59

PDCA サイクル（保育の計画→実践→振り返りと評価→改善）の一連の過程の中に位置づけられ，循環的な営みをとおして保育の質の向上が図られることが重要である（3章を参照）。環境を通して行う保育では，幼児の発達，興味・関心の方向性や子どもを取り巻く状況や人的・物的な環境の理解が必要である。また保育は家庭との緊密度が高く，保護者や社会の要請も視野に入れなくてはならない。幼稚園の預かり保育，保護者や地域に対する子育て支援などの保育活動の広がりにも留意したい。そのためのカリキュラム・マネジメントは今後さらに重要になってくるだろう。カリキュラム・マネジメントにおける保育の自己評価は保育者間や自分自身の保育観の確認でもある。日々自分と向き合いながら，保育を見直し，さらなる計画の出発となるように前向きに取り組んでいきたい。

■指導計画の編成

　指導計画は目の前の幼児の姿をとらえた，子どもの発達や望ましい育ちの方向性に向けての具体的な計画である。保育をどのように進めていくかの実践計画であり，子どもが環境を通して自ら働きかけ活動を生み出していくための援助計画ともいえる。指導計画には子どもの時間をかけた発達の道筋や生活の節目や行事，家庭や地域の状況などを踏まえて，子どもの育ちを長期的にとらえた指導計画（年・期・月）と，その時期の子どもの実態，生活や個々の子どもの特性を取り入れた短期的な計画（週・日）がある。3歳未満児の個別的な指導計画，食育の計画（保育所，認定こども園），預かり保育の計画（幼稚園），子育て支援の計画（認定こども園），保健，安全に関する計画などがあるが，それぞれ教育課程や全体的な計画と相互に関連付けて作成される。保育所保育指針，幼稚園教育要領，幼保連携型認定こども園教育・保育要領に示されている指導計画の作成に関しての主なポイントを表4-2に一覧にした。さらに，保育時間の違いや長時間にわたる保育への配慮，子どもの生活の連続性

4章　教育要領と保育指針，教育・保育要領にみる保育の計画

をふまえた家庭地域との連携，小学校教育との接続が求められ，これらは指導計画に盛り込まなければならない視点でもある。

6 かかわりのなかで育つ子どもと園生活
──個と集団の双方を生かす計画づくり

　保育所や幼稚園は1人ひとりの発達を踏まえて，その子の個性が大切にされながら保育がなされる場である。また，同年齢または異年齢集団の子どもたちが共に生活をすることに意味がある場でもある。保育者は乳幼児の特性から個々の発達過程や興味などを尊重し，寄り添いながら育てる視点と，子ども同士のかかわりから生み出される育ちを引き出す視点をもつことが大切である。集団生活で個と集団関係をどのようにとらえて保育をするべきであろうか。

　社会には国家・民族があり，思想の違い，年齢差，男女差，障がいを持った方など，さまざまな人が存在する。お互いを理解し認め合うようなかかわりは，人として生きるうえでの課題であろう。園生活においても子どもが集団のなかで個々の特性を発揮し，違いに気付き，互いに認め合いながらつながり合える集団でありたい。その過程には葛藤や不安，不満の感情も芽生えるだろう。それらも含めた乳幼児期の人と人とのかかわりにおける多様な感情の経験と，それに折り合いをつけていくことは，その後の人間関係の構築に大きな意味をもつことになる。S幼稚園の事例をみてみよう。

事例 4-1 ウルトラマンごっこ（幼稚園・5歳児2月ごろ）

　リョウは家庭で父親とウルトラマンのビデオをよく鑑賞している。園での遊びも気の合う友達と一緒にウルトラマンや怪獣になりきって，戦う場面を演じて遊んでいる。1学期頃は，ごっこが本気になり叩いた，叩かれたなどとよくいざこざになった遊びである。年長児もあと少しというこの時期は，同じ遊びでも様子が違ってくる。ある日，保育者がリョウたちの遊んで

61

いる様子を見守っていると，メンバーの半分が椅子に座り，残りの半分がいつものようにウルトラマンや怪獣になって戦っている。どうやらウルトラマンなどを演じる者と観客になる者が分かれているようであった。「先生も見せて」と言って観客の方に交じって座ると「これビデオやねん」と，リョウが「バルタン星人がやってきました。そして人間を連れていきました……」とナレーションのように語っている。そのストーリーに合わせて怪獣やウルトラマンが登場し，話が展開しているのである。一話終わると役割を交代して「ウルトラマン劇」を表現したり鑑賞したりして楽しんでいた。

　5歳児も3学期ごろになると，友だちと協力したり役割を分担したりしながら，友だちと共通の目的に向かって行動することができるようになってくる。遊びの発展とともにイメージを膨らませたり，共有したりして，仲間関係を深めていく時期である。1年のまとめの時期に，さらに一緒に遊んだり活動したりすることを積み重ねて，クラスの1人ひとりが仲間としてつながり友だちの「輪」が広がってほしいと願って，次のような計画を試みた。

　クラスでは他にも女児を中心にドレスや，キャラクターの衣服をカラーポリ袋や画用紙などで作り，身にまとって楽しむ姿が見られた。そこで日を決めて，ウルトラマンごっこのグループと衣装のグループのショーを中心に遊戯室の舞台を使って発表会をしようと子どもたちに投げかけてみた。

7 人をつなげる保育の計画を目指して
──絆づくりのために貢献する計画づくり

　本事例を保育者はどうとらえ，次の指導計画に生かすべきなのか考えてみよう。この活動では気の合う仲間同士の活動での遊びの変化の過程がとらえられる。保育者はグループ同士の交流や，お互いに関心を持つことで活動がさらに広がりが持てるよう，見通しを持って援助していかなければならない。それぞれの子どもの遊びの

4章　教育要領と保育指針，教育・保育要領にみる保育の計画

表4-3 S幼稚園の指導計画（一部抜粋）

V期（1〜3月）▶10のねらい	◎それぞれが自分らしさを大切にしながら，協力して遊びや生活を進めていく充実感を味わう。 ○さまざまな事物や事象に関心を持ち，興味を持ってかかわったり考えたりする。 ○いろいろな活動に楽しんで取り組みながら，自分の思いや感じたことを豊かに表現し合い，互いの成長を喜び認め合っていく。
内容の視点 （一部抜粋）	○自分たちでルールを決めたり，遊び方を考えたりしてみんなで楽しむ。 ◎クラスやグループのなかで役割を受け持ち，目的をもって遊びや生活を進める。 ○自分たちの生活の場をみんなで協力して作りだし，使いやすく整えたり飾ったりする。 ○いろいろな体験を通じてイメージを膨らませ，感動したことを伝え合う。 ◎材料や用具を目的に合わせて選び，のびのびと表現し，作品を大切に扱うとともに友達の表現にも関心を持つ。

取り組みの様子，個々の子どもの気持ち，興味や関心はどこにあるのかを探りながら個と集団の視点から子どもをとらえ，園の教育課程や指導計画の方向性と合わせ次の保育の計画に生かそうとすることが大切である。この時期のS幼稚園の長期と短期の指導計画は表4-3のようである。

▶10 発達の節目として以下のように分けて，ねらいを設定している。Ⅰ期 4・5月，Ⅱ期 6・7・8月，Ⅲ期9・10月，Ⅳ期 11・12月，Ⅴ期1・2・3月。

　表4-3に抜粋された長期の指導計画を参考に，この活動を予定に取り入れた日の指導計画として具体的なねらいを立ててみよう。保育者は子どもの望ましい発達のためにどのような願いをもつだろうか。担任は◎印で示したねらいと内容の部分に着目し，日の指導計画の具体的なねらいと内容として次のように設定した。

ねらい
○友だちと共通の目的に向かって取り組み，協力したり工夫したりして遊びを進める。

内容
○友だちと考えたことを伝え合ったり，役割を分担したり，表現したことを見せ合ったりして楽しむ。
○いろいろな素材を使って遊びに必要なものを工夫して作る。

63

環境の構成および保育者の援助

○遊びに必要なものを作るため，イメージが広がるような素材や材料，用具などを整えておく。

○劇をする，製作をする，会場準備をするなど子どものそれぞれの役割を認め，お互いの働きを喜び合えるような言葉をかけることで，子ども同士のつながりが深まるようにする。

事例 4-2 小道具係のタケシ

　舞台発表の日を決めると，当日までにクラスの子どもが中心になって3歳児・4歳児クラスに宣伝に行き，廊下にポスターを貼って他のクラスにこの活動を知らせた。クラスの子どもは，発表するグループに加わったり，ポスターを作ったり，いろいろと自分なりに準備を進める姿が見られた。当日，舞台で発表しない子どもは遊戯室の観客用の椅子を並べ，小道具などをつくり，登園後からクラスのそれぞれの子どもの発表会の準備が始まった。タケシは日ごろから1人で好きな製作をしたり友だちの遊びを眺めたりすることが多かった。この日も，タケシは牛乳パックに緑の画用紙をギザギザに切ってセロテープで貼りつけて何かを作っていた。様子を見ていると，1つ作っては舞台の上に置きにいく。全部で4カ所に緑のギザギザを置いた。

　それが草で，倒れにくいように牛乳パックで補強したものであることに気づいた保育者が「タケちゃんありがとう。本当の草みたいやね」と声をかけると，恥ずかしそうに一度机の後ろに隠れたが，その後も怪獣が投げる石を新聞紙を丸めて黙々と作り，舞台に並べていた。ウルトラマングループのリョウが「もっと作って！」と声をかけ，それにこたえるタケシの姿があった。自然な成り行きで，タケシは小道具作りのメンバーとしてウルトラマングループに受け入れられていた。

　子どもが望ましく発達していく道筋において，保育者は個と集団の両方に目配りをしなければならない。指導計画を作成する際は，子どもの発達の見通しをもって，活動をさまざまに描きながら，最

4章　教育要領と保育指針，教育・保育要領にみる保育の計画

も適したねらいや内容，環境の構成，保育者の援助などを計画していくことが大切である。なによりも目の前の子どもの"今"をよく見つめ，子どもに対する気づきが保育のスタートとなる。子どもは育つ力をもってこの世に生まれてきている。1人ひとりの子どもが主役である。個々の子どもの思いからかかわり合いへ，かかわり合いからさらなる絆作りへという視点を大切にしていきたい。

参考文献

阿部和子・前原寛他『保育課程の研究——子ども主体の保育の実践を求めて』萌文書林，2009

岸井勇雄・横山文樹『あたらしい幼児教育課程総論』同文書院，2011

厚生労働省『保育所保育指針』フレーベル館，2017

中央教育審議会答申「幼稚園，小学校，高等学校及び特別支援学校の学習指導要領等の改善及び必要な方策等について」『別冊初等教育資料2月号臨時増刊』東洋館出版社，2017

内閣府・文部科学省・厚生労働省『幼保連携型認定こども園教育・保育要領』フレーベル館，2017

文部科学省『幼稚園教育要領』フレーベル館，2017

5章 保育・教育課程と指導計画
──母性的な保育者と子どもの主体性

1 保育の目標の達成

　乳幼児期の子どもを預かる保育の場は，「子どもの最善の利益」の尊重の上に健やかな心身の育ちを保障し，生涯にわたる人格形成の基礎を培うという共通の理念・目的のもと，意図的・計画的な保育が営まれる場である[1]。その組織的な取り組みの姿を明確にし，PDCA サイクルを回すなかで目標達成に向けて保育の質の改善を図っていくために，平成29年3月の要領・指針の改訂（定）において，カリキュラム・マネジメントの重要性が強調されている。

　ここでいう「カリキュラム」とは，保育が組織的に行われる場で編成される「全体的な計画」[2]と，そのもとに立てられる「指導計画」を合わせたものである。「カリキュラム・マネジメント」とは，全体的な計画を実現するために，各種指導計画の立案・実施・評価・改善を行うことである。

　幼稚園，保育所，幼保連携型認定こども園といった組織的に保育が行われている場では，国の指針のもとに実践が構想されてきた。地域や園の実情を考慮して各園で設定された目標の実現を目指して，入園から卒園までの子どもの育ちを見通した全体的な計画が作られ，その見通しのなかで，目標の実現を目指した具体的な各種指導計画が立てられてきたのである。

　平成29年告示の改訂では，「カリキュラム・マネジメント」という言葉が使われたこと，これまでの要領・指針では別々の章に記載されていた全体的な計画に関する内容と指導計画に関する内容とが

---

[1] 教育基本法第11条，児童福祉法第2条，保育所保育指針第1章における「保育の目標」，幼稚園教育要領第1章第1における「幼稚園教育の基本」，幼保連携型認定こども園教育・保育要領第1章第1における「幼保連携型認定こども園における教育及び保育の基本及び目標等」を参照。

[2] 「全体的な計画」は，幼稚園教育要領，保育所保育指針，幼保連携型認定こども園教育・保育要領において共通して使用されている用語であるが，その内容として求められる要点は各施設の特性に応じて異なっている点もあることに注意してほしい。

5章　保育・教育課程と指導計画——母性的な保育者と子どもの主体性

総則に連続して記載されたこと，全教職員の参画のもと目標の実現を目指す組織的・計画的な保育のあり方の明確化と実際に保育に当たる全教職員の目標達成に向けての意識共有ならびに参画がこれまで以上に強く求められたこと，こうした3つの観点が示されている。

これまでは，園長など管理職中心に作成される全体的な計画と，子どもたちの保育に日々かかわる保育者によって立案される具体的な指導計画の間に，「子どもたちに何を育てたいのか」ということや「何が育っているのか」ということをそのつど確かめ合う仕組みが必ずしも確立されてはいなかった。わが国が21世紀型教育への転換を図りつつ，その土台形成の時期としての乳幼児期の重要性に対する認識を高めてきたことを反映して，今後の保育現場には，「子どもたちに何を育てたいのか」という視点を中心に据えた保育の計画・実践・評価・改善が求められている。そのような営みを支える仕組みとして「カリキュラム・マネジメント」の重要性が強調されているのである。

2　地域の実態，子どもや家庭の現状の把握

保育は1人ひとりの子どもの発達を守り，助ける営みである。子どもの生活する姿をとらえることが出発点となり，それによって保育の方向が決まってくる。保育の営みを計画して進めていくためには，「子どもに何を育てたいのか」（＝保育の目標）を明確にすることと同時に，「現実の子ども」の姿を的確に把握することが大切である。全体的な計画も，それを具体化する指導計画も，目指す方向としての「幼児期の終わりまでに育ってほしい姿」■▶3 と，「現実の子ども」という，複眼的な視点を必要とする。

ところで，乳幼児期の「現実の子ども」の姿は，著しい心身の成長・発達とともに，日々変化していくものである。その成長・発達は，子どもと子どもを取り巻く環境とのかかわりのなかで生じてく

▶3　平成29年告示の要領・指針の改訂（定）において共通して示された保育の方向目標で，「生きる力」の基礎となる資質・能力が，乳幼児期をとおして育まれてきた5歳児後半の子どもの姿として具体的に表された。

67

る。言うまでもなく，子どもは，教育保育施設のみならず，家庭や地域のなかで生活しており，家庭や地域をも含んだ24時間の生活環境とのかかわりのなかで身に付けてきた「姿」を示しているのである。その意味で，「現実の子ども」の姿は，子どもを取り巻く地域や家庭の現状の反映でもある。

　したがって，全体的な計画ならびに指導計画を作成する際に不可欠なのは，地域や家庭の現状，すなわち，それぞれの地域や家庭での子どもの生活の実態把握である。

　目の前の子どもが自分を取り巻く環境のなかで抱えている発達上の課題を的確にとらえてこそ，子どもの心身の健やかな育ちと生涯にわたる人格形成の基礎づくりという保育目標の達成に近づく保育・教育の計画の作成が可能となる。

　たとえば，自然環境の豊かな地域であれば，身近な自然とのかかわりを日常的に深めていける計画を作成できるだろう。反対に，自然の乏しい地域であれば，子どもたちが自然に触れる体験を確保することを特別に意識した計画が必要となるだろう。

　また，核家族化・少子化，地域の人間関係の希薄化など，今日，多くの地域が抱える実態に対応して，多様な人間関係の経験を意図した異年齢児保育や高齢者などとの交流，開放行事をとおしての地域との交流など，計画に盛り込むべき要点も見えてくるだろう。

　子どもは家庭や地域で生活し，環境とのかかわりを通じて発達しつつある存在である。保育が乳幼児期にふさわしい生活の実現をとおして，発達を援助する豊かな体験を保障しようとする営みであるならば，その計画を立てるに当たって，家庭や地域を含めた子どもの生活全体の状況を的確に把握することがどうしても必要なのである。

5章　保育・教育課程と指導計画——母性的な保育者と子どもの主体性

3　カリキュラム

　全体的な計画も，それを具体化する指導計画も，一方で保育の目標を意識する保育者の願い，他方で保育の出発点としての子どもの発達や生活の姿（「現実の子ども」）の的確な把握という 2 つの視点の絡み合いのなかから生み出されてくるものである。

　前項では，「現実の子ども」の姿の把握について，子どもの姿や発達に影響を与える地域や家庭での生活の実態をとらえることの必要性について述べた。ここでは，保育者の目の前に現れる「現実の子ども」の姿が保育者とのかかわりの下に現れている姿でもあるという視点をもつ必要があることについて考えてみたい。

■保育者の願いと子どもたちの学びとのズレ

　汐見稔幸は，ある幼稚園での出来事を例にあげて，保育者がつくりだしている「クラスの倫理的雰囲気」が，子どもたちのありのままの姿を規定する大きな力を持っていることを説明している◀ 4。

　乳幼児期の子どもたちは，思考力や判断力，社会性の発達が未熟である。そのため，彼らの行動や姿は，大人の期待の読み取りに多くを依存していることを，私たちは忘れてはならないだろう。

　ここにあげる事例で考えさせられるのは，保育者が意識していた「話し合い」活動のねらいと実際に子どもたちが学んでいたこととのギャップの大きさである。

◀ 4　汐見稔幸「保育者の専門性って何だろう」汐見稔幸・大豆生田啓友編著『保育者論』ミネルヴァ書房，2010。

事例 5-1　「話し合い」活動をとおして子どもたちが学んだことは？

　その幼稚園では，民主主義社会でもっとも大事なのは議論する力だと考え，その力の基礎を育みたいと，保育のなかでできるだけ多く話し合う機会をつくることを大事にしていた。だが，ある日，遊びのなかで積み木が

69

あたって窓ガラスが割れるという出来事が起こった。そのアクシデントへの子どもたちの反応の仕方に，普段の「話し合い」活動のなかでの担任保育者のかかわりが反映された，というのである。

　口々に「○○ちゃんが悪いんだよ」「違うよ，△△ちゃんが……したからいけないんだよ」と大声を出して犯人探しをはじめた子どもたちのクラスでは，担任は，問題が発生した時，「○○ちゃん，わかった？　あのとき○○ちゃんが○○したから，こんなことになったんだよね。わかったら，今度からしないって，みんなに言える？」などと，いわば問題の「犯人」をはっきりさせ，みんなの前で認めさせ反省させる，というパターンでの「話し合い」をしていたという。子どもたちは，そうした普段からのやり取りをとおして，〈問題→犯人探し→犯人に非を認めさせ，謝らせる〉というパターンを身につけていたのではないかと考えられた。

　また，「ぼくたち関係ないよな」と傍観者を決め込んだ子どもたちのクラスでは，話し合いのなかで担任保育者が，自分の気に入る発言にのみ，「そうね。そうだよね」などと大きく首を振りながら肯定する表情や態度を示す癖があったという。そうしたかかわりをとおして，子どもたちは，どういう発言をしたら先生がいい顔をするかを読んで行動することを学んだ。しかし，アクシデントが起こった現場に先生がいなかったので，どう行動すべきかを自分たちで決めかねた。その結果，傍観的な態度につながったと推測された。

　それに対して，「○○ちゃん，そっち危ないから，こっちから下りてきたほうがいいよ」「誰か，先生呼んできて！」という対応ができた子どもたちのクラスでは，担任保育者は，話し合いのなかで子どもたちがどのような発言をしても，その善し悪しの判断はできるだけしないで受け止め，「意見は2つだよね」などと，子どもたちの意見を整理して投げ返し，子どもたち自身が考えて結論を出すことを大事にしていたという。

■「顕在カリキュラム」と「隠されたカリキュラム」

　保育者が「教えたい」と考えていた内容と子どもたちが実際に

5章　保育・教育課程と指導計画——母性的な保育者と子どもの主体性

「学んだ」内容とのズレの問題は，カリキュラム研究における「顕在カリキュラム（manifest curriculum）」と「隠されたカリキュラム（hidden curriculum）」の問題としてとらえることができる。

「カリキュラム」とは，ラテン語の currere（走る）を語源とし，出発点からゴールに至るまでの走路を意味する。保育・教育においては，まさに出発点としての「現実の子ども」を，方向目標としての「幼児期の終わりまでに育ってほしい姿」に近づけていく過程に当たる。

「カリキュラム」は，今日，出発点から目標までの「計画」のみならず，「計画」がどのように実践され，そのなかで子どもが実際にどのような学びの経験をしたのかをとらえようとする概念として拡張されている🡨5。すなわち，保育者の意図や願いとして意識化され明文化された「全体的な計画」や「指導計画」だけではなく，子どもが実際に学んだ内容を含めて保育・教育の過程をとらえる概念として，「カリキュラム」という言葉があるのである。

🡨5 「カリキュラム」概念の拡張については，佐藤学『カリキュラムの批評』世織書房，1996を参照。

そのなかで，保育者の意図や願いに基づいてあらかじめ計画され，意識的に実践される教育・保育が「顕在カリキュラム」，保育者に意識化されているわけではないが，子どもが実際に学んでいる内容が「隠されたカリキュラム」として区別される。先に示した事例でいえば，話し合い活動をできるだけ取り入れることをとおして，話し合いをすることの大切さを教え，子どもたちの思考力や判断力を育みたいという，保育者に意識されていた意図や願いが，その園の「顕在カリキュラム」であったが，「隠されたカリキュラム」として子どもたちが実際に学んだことは，話し合い活動のなかで保育者が無意識的に表出した価値観や行動の型であったといえよう。

もとより，保育は「環境を通して」行われるものであるが，乳幼児期の子どもにとって最も大きな影響力を持っているのは，人的環境，なかでも保育者の姿である。

子どもたちとかかわっているとき，保育者は，自分がいったいど

のようなあり方をしているのかを十分に意識しているわけではない。しかし、保育者が身につけている態度や心持ち、価値観は、子どもとのかかわりのなかで無意識的に現れてくるものであり、その現れは、子どもたちにとっての「隠されたカリキュラム」となって、子どもの姿を規定する。それゆえに、子どもの姿を理解しようとするならば、保育者は、子どもとかかわっているときの自分自身のあり方やかかわり方を振り返る視点をもつ必要があることを忘れてはならない。

4 指導計画における柔軟性と一貫性

■指導計画作成の流れ

　子どもの心身が望ましい方向に発達していくことを援助するという保育目標の達成のために、保育の計画を作成し展開していく際の要点として、乳幼児期は生活経験によって発達の過程の違いが大きい時期であるということをふまえ、地域の実態や家庭の現状を把握すること、そして、保育者が自らの態度や心持ち、価値観を振り返ることの重要性をみてきた。それは、子どもの生活する姿を的確にとらえるために必要な、大切な視点である。保育者には、こうした視点によって1人ひとりの子どもの発達の実情をとらえつつ、指導計画を作成して、計画性のある保育を行うことが求められる。

　指導計画作成の手順や形式に一定したものはないが、その一般的なプロセスは図5-1に示すとおりである。長期の指導計画と短期の指導計画とで考慮すべき要点に違いはあるが、基本的には、以下の流れでとらえられる。

①子どもの実態と保育者の願いの絡み合いから、具体的なねらいと内容を設定する。

②具体的なねらいと内容のもとで、子どもが意欲的・主体的にかか

5章　保育・教育課程と指導計画——母性的な保育者と子どもの主体性

わることをとおして発達に必要な経験を積み重ねていくことのできる環境の構成を考える。
③環境にかかわって活動する子どもの姿と保育者の援助を予想する。
④以上の3段階を踏んで作成された計画の実践ならびに実践をとおしての評価を通じて、1人ひとりの子どもの発達の理解を更新し、計画の改善・発展につなげていく。

▶6 文部科学省 幼稚園教育指導資料第1集『指導計画の作成と保育の展開（平成25年7月改訂）』フレーベル館, 2013, p. 29の図をもとに筆者作成。

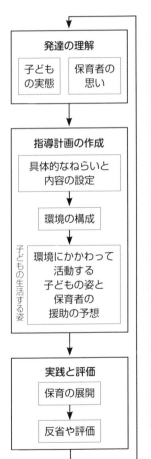

	長期の指導計画	短期の指導計画
発達の理解	・累積された記録、資料をもとに発達の過程を予測する。	・子どもの実態をとらえる。 ｛興味や欲求／経験していること／育ってきていること／つまずいていること／生活の特徴｝
指導計画の作成：具体的なねらいと内容の設定／環境の構成	・保育・教育課程によって保育の道筋を見通しながら、子どもの生活を大筋で予測し、その時期に育てたい方向を明確にする。 ・ねらい、内容と子どもの生活の両面から環境を構成する視点を明確にする。	・前週や前日の実態から、経験してほしいこと、身に付けることが必要なことなど、保育者の願いを盛り込む。 ・具体的なねらい、内容と子どもの生活の流れの両面から、環境の構成を考える。
環境にかかわって活動する子どもの姿と保育者の援助の予想	・季節など周囲の環境の変化や行事等の予定を考慮に入れ、生活の流れを大筋で予想する。	・環境にかかわって展開する子どもの活動と保育者の援助をあらかじめ予想してみる。
実践と評価：保育の展開／反省や評価	・短期の指導計画の反省、評価などを積み重ね、発達の見通し、ねらい、内容、環境の構成などについて検討し、計画の作成に役立てる。	・子どもと生活を共にしながら生活の流れや子どもの姿に応じて、環境の再構成などの適切な援助を行う。 ・子どもの姿をとらえ直すとともに、指導の評価を行い、次の計画作成につなげる。

図 5-1　指導計画作成の手順 ▶6

■指導計画の仮説性

　この流れのなかで生成される指導計画は，永遠の仮説性をその特徴としている。

　保育者は子どもの発達や生活を見通しながら大筋の予測に基づいて指導計画を作成するが，その「予測」には幅があり，また的を外れる可能性もある。すなわち，実際の保育においては，子どもの実態に基づいて保育者が構成した環境に子どもがまったく興味・関心を示さなかったり，保育者の予想とは異なった活動が展開されたりすることも往々にしてある。保育者には，実践のただなかで，そうしたズレに臨機応変に対応して環境の再構成をしたり，1人ひとりの子どもへの適切な援助をしたりすること，そして，計画と実践のズレを反省・評価して，子どもの姿をとらえ直したり，具体的なねらいと内容の適切性を検討し直したりすることが求められる。その意味で，指導計画は常に，決定的な意味をもつものではなく，実践のなかで，また実践をとおしての修正・改善の可能性ないし必要性をもつものなのである。

■指導計画の柔軟性と一貫性

　指導計画の仮説性は，計画を作成し，展開する保育者の立場からみれば，指導計画を組織的・発展的なものとなるよう作成し，実際の保育においては，子どもの活動に沿った柔軟な指導を心がけることを意味する➡7。

（1）指導計画における柔軟性

　指導計画を発展的なものとなるよう作成し，柔軟な指導を心がけるとは，計画どおりに「させる」「やらせる」保育ではなく，そのときどきの子どもの姿や状況に応答する環境構成や援助を目指すことである。

➡7　幼稚園教育要領第1章第4の1「指導計画の考え方」を参照してほしい。

5章　保育・教育課程と指導計画──母性的な保育者と子どもの主体性

　保育の基本は，子どもの主体性を尊重し，子ども自らが環境にか
かわって，環境との相互作用をとおして多様な体験をすることで，
子どもが心身ともに健やかに育つことにある。そのために，図5-1
に示すとおり，指導計画の作成と展開のプロセスにおいて，常に子
どもの生活する姿を視野に入れ，子どもが主体的・意欲的に環境に
関われる保育をつくり出していかねばならないのである。

(2) 指導計画における一貫性

　子どもの主体性を尊重することは，子どものやりたいこと，やろ
うとしていることをすべてそのままに受け入れて，好き放題にさせ
るということではない。1人ひとりの子どもが心身ともに健やかに
育つためには，各々の時期の発達の実情や課題に即した環境とのか
かわり（経験）の内容が必要である。

　指導計画には，全体的な計画において共有されている子どもの育
ちの見通しのなかで，各々の時期において「子どもに何を育てたい
のか」を明確につかみながら具体的なねらいと内容，環境構成や必
要な援助を考えていく一貫性が求められる。

5　子どもの主体性を引き出す指導計画

　子どもは，環境に主体的にかかわって活動を展開するなかで，発
達に必要な経験を重ね，生きる力の基礎となる資質・能力を培って
いく。それゆえに，指導計画は常に，子どもの主体性を引き出すも
のでなければならない。

　では，子どもの主体性を引き出す指導計画とは，どのような計画
なのだろうか。

■子どもの主体性を引き出す環境構成の視点

　図5-1 にも示したとおり，指導計画作成の中心となるのは環境の

75

構成である。保育において，子どもが主体的に活動を行うことができるかどうかは，子どもがどのような環境に出会っているかによって大きく左右される。そこでまず，子どもの主体性を引き出す環境構成の考え方として，以下に3つの視点をあげておきたい▶8。

（1）興味や欲求を喚起し，深める魅力的な環境

　子どもの主体的な活動は，子どもの興味や関心が引き出され，子どもが思わずかかわりたくなるようなものや人や事柄があり，自らが次々と活動を展開していくことができるように配慮され，構成された環境の下で生じる。

　このような環境を構成するために保育者に必要となるのは，子どもを取り巻く環境に対していつも新鮮な目をもち，①子どものまわりにある事物や生き物，他者，自然事象・社会事象などがそれぞれの子どもにどのように受け止められ，どのような意味をもっているのかをよく理解することや，②遊具や用具，素材などさまざまな要素が，遊びを通して子どもの発達にどう影響するかを考えたり，遊びのなかでの事物や事象とのかかわりが，発達の過程でどのような違いとなって表れるかを知ろうとすることである▶9。

（2）発達の時期に即した環境

　上記のことは，環境を構成するための発達の視点を明らかにしておくことでもある。発達の視点をもって構成された環境と子どもの興味や欲求を喚起し，深める環境とは本来重なっている。発達の視点をもちながら，1人ひとりの子どもの興味や欲求をとらえ，具体的な環境構成をすることが重要である。

　また，発達の視点をもって環境構成を考えていくことによって，子どもの興味や欲求に沿って生まれてきたさまざまな活動に柔軟に対応していくことも可能となる。各々の時期のねらいや内容を踏まえ，「子どもにどのような力を育てようとしているのか」という発

▶8　文部科学省 幼稚園教育指導資料第1集『指導計画の作成と保育の展開（平成25年7月改訂）』フレーベル館，2013，p.60を参照。

▶9　例として，子どもにとっての遊びの素材としての砂と土との違い，また同じ砂でも，発達の過程に応じてかかわり方は異なってくることなどがあげられる。

5章　保育・教育課程と指導計画——母性的な保育者と子どもの主体性

達の視点を押さえておくことで，1人ひとりの子どもの個々の活動のなかに現れる力の芽吹きや学びの芽生えを明確にとらえることができ，さらに深い主体的な活動を促す保育が可能となるのである。

(3) 生活の流れに応じた環境

　子どもの興味や欲求は，構成された保育環境のなかで刺激を受けると同時に，日々の生活の流れのなかで，さまざまなきっかけから影響を受け，連続することもあれば途切れることもある。子どもの生活は，昨日から今日，家庭や地域から保育所・幼稚園などに連続し，関連し合って成り立っているが，その流れのなかで，子どもの興味や関心，欲求もまた，絶えず変化するのである⏩10。

　保育者は，子ども1人ひとりの生活の流れを視野に入れ，子どもの内面の動きを敏感に感じとりながら，環境の構成を考えていくことが必要である。

▨母性的な保育者の適切な援助

　子どもの主体性を引き出すために保育者が熟慮を重ねて構成した魅力的な環境のなかにあっても，その日，そのとき，内面が不安定な子どもには，その環境の魅力は届かないかもしれない。また，「○○してみたいな」と感じても，不安感が強ければ，子どもは意欲を行動に移すことはしないかもしれない。そんなとき，自分を守ってくれていると感じられる保育者のまなざしや言葉があれば，あるいは不安感が和らぐまで行動を共にしてくれる保育者の寄り添いがあれば，子どもは自分のペースで，その子らしい行動や心の動きをみせるだろう。

　子どもの主体的な活動は，安心感や安定感を基礎として生じる。それゆえに，子どもの主体的な活動が展開されるためには，1人ひとりの子どもの思いを受け止め，尊重しながら，自分の力で歩き出せるように援助する保育者の存在とかかわりが不可欠なのである。

⏩10　たとえば，家庭で視聴したテレビ番組がきっかけとなって，子どもの興味・関心が変化し，それまで夢中になってかかわっていた環境や活動に興味を示さなくなることなどがある。

ここに，高いすべり台に興味のおもむくまま登ってしまい，怖くなって降りられなくなった子どもがいるとしよう。「怖くないから滑っておいで」と声をかけても降りられない様子である。このようなとき，はげましの言葉をかけ続けたり，抱き下ろしたりするのではなく，すべり台を登って行って，子どもの後ろに座り，一緒に滑ってやると，子どもはまた一緒に滑りたがり，そうしたことを何度か繰り返すうちに，いつのまにか1人で滑ることを楽しむようになる。

　平成29年告示の要領・指針の改訂（定）において確認されたことの1つに，乳幼児期をとおして育まれる「生きる力」の基礎として，「非認知的能力」や「社会情動的スキル」と呼ばれる力が重要であることがあげられる。うまくいかないこと，思いどおりにならないことにぶつかっても，気持ちをポジティブに維持したり，自らの情動をコントロールしたりすることのできる力は，乳幼児期をとおして，愛情深く保護された温かい環境，ありのままの姿を受け止め，心によりそって丁寧な応答を返してくれる人とのかかわりのなかで育まれる。

　1人ひとりの生涯を支える「生きる力」の確かな基礎を育もうとする「環境を通して行う保育・教育」は，目の前の子どもの育ちに温かい関心と願いを持ち続け，困難なときにこそ，ありのままの姿を受け止め，よりそい，子どものすべての活動の基盤となる安心感と安定感を確保する，母性的な保育者の存在と働きかけによってこそ，実現されるものなのだといえよう。

参考文献

ヘックマン，J.J.著　古草秀子訳『幼児教育の経済学』東洋経済新報社，2015

無藤隆・汐見稔幸・砂上史子『ここがポイント！3法令ガイドブック』フレーベル館，2017

無藤隆『3法令改訂（定）の要点とこれからの保育』チャイルド本社，

2017

文部省『幼稚園教育指導資料第 4 集　一人一人に応じる指導』フレーベル館，1995

文部科学省『幼稚園教育指導資料第 1 集　指導計画の作成と保育の展開（平成 25 年 7 月改訂）』フレーベル館，2013

文部科学省中央教育審議会答申「幼稚園，小学校，中学校，高等学校及び特別支援学校の学習指導要領等の改善及び必要な方策について（平成 28 年 12 月 21 日）」2016

6章 指導計画の基本的視座

1 乳幼児期の発達の特性への理解

■望ましい発達を支える母性的な保育者

　子どもたちが長時間過ごす保育所・幼稚園はまさしく「生活の場」である。とくに0歳児から在園し，長時間園で過ごす保育所においては，1日の3分の1近くを園で過ごす。倉橋惣三は「生活はその形態によってこそ，はじめてその真実なる生活性を発揮し得るものである」と述べ，幼児期の生活形態を重んじている[1]。その生活を支え援助していく保育者は，教育的な配慮が求められると共に，乳幼児の発達を十分に理解し，かつ温かな雰囲気を大切にする母性的なかかわり方が必要となってくる。ここで述べる母性とは，家庭において子どもたちが感じる自分への"無条件の愛情"と同じく，保育者に愛しまれていると感じることである。その母性的な愛情を受けつつ，保育者との愛着（アタッチメント）[2]が構築されることが，入園直後の不安でいっぱいの子どもたちの心身の安定へとつながる。

> [1] 倉橋惣三『幼稚園真諦』フレーベル館，2008, pp.18-24。
>
> [2] 子どもと養育者（とくに母親）との間に形成される緊密で情緒的な結びつきのある愛情関係（ボウルビィ，1969）。

事例 6-1 先生はケンちゃんの応援団

　5歳児1年保育の幼稚園に入園したケンタは，長時間椅子に座ることが苦手なようであり，入園式では立ったり座ったりを繰り返していた。入園式の翌日，幼稚園での決まりや遊具での遊び方を担任が説明している間も，「ケンちゃん，外に行きたいんだよ！」と1人外に飛び出していった。そこで

6章　指導計画の基本的視座

担任は「じゃあ，ケンちゃん，先生がお部屋にいても見えるところにいてね」と声をかけると「オッケーわかった」と，保育室からも見える近くの築山やブランコで遊び始めた。他の幼児は「ケンちゃん，アカンなぁ。1人で外行って」と口々に批判をする。そこで担任はケンタの様子も見守りつつ「ケンちゃん，ちょっと長い間お話聞くのが苦手なんかもしれないよ」と子どもたちに説明した。

　翌日からもケンタはみんなと一緒にする遊びや集まりを好まず，片づけの時間になっても自分の遊びを続ける日が続く。ある日，園庭にあるシイの木に男児3名が登り始めた。それを見たケンタは「ケンちゃんもやってみたいなぁ」と保育者にコソッと言いに来た。「ケンちゃん，木に登ったことある？」と保育者が尋ねるとケンタは「ないねんけどな……」とつぶやく。そこで保育者はケンタと手をつなぎ，その木の下まで行くと，ケンタはパッと走り出し木に登ろうとする。「ケンちゃん，おしり支えてあげようか？」と保育者がケンタに声をかけると，「いい，大丈夫！　先生は下で見とって！」と答えた。「それじゃあ，先生はケンちゃんの応援団になるね」と保育者は言い，「ケンちゃんがんばれー！」とはげましながら下から見守ることにした。途中，何度も滑り落ちたり，足を枝にかけられなかったりしたが「よいしょ，よいしょ」とケンタはなんとか自力で木に登っていく。そして，やっと友だちが座っているところまで登ることができ，「せんせーい，おーい，ケンちゃん自分で登ったよ！」と誇らしげに保育者に呼びかけた。「ケンちゃん，すごいねー！　先生手伝わなくてもよかったね！」と保育者もそれに答えた。

　担任は「友だちと一緒に遊んでほしい」「集団生活の決まりを守ることを覚えてほしい」という思いやねらいをケンタに対してもっていた。しかし，それを強制せず，しばらく様子を見守り，ケンタのペースをまず尊重した。それは保育者がケンタの発達や心情をしっかりとくみ取り，入園してすぐのケンタの場合には無理に集団生活へと導くことよりも，保育者に温かく見守ってもらいながら，のびのびと遊びをする時期だと判断したからである。また木登りで

は自分の力で登っていこうとするケンタを木の下から温かく見守り，はげます担任の姿がある。最初，担任は初めて木に登るというケンタに「ちょっと手伝ってあげようかな」という気持ちをもっていただろう。しかし，結局はケンタの力を信じ，見守ることに徹している。このように「あえて援助をせず見守る」という担任の姿勢がうかがえる事例である。自分の力で登り切ったケンタは，その結果を保育者に認めてもらえたということで，さらに大きな喜びを味わったのである。

　人間誰しもが，人に認められたいという欲求をもっている。思春期に突然髪を染め奇抜なファッションをして教師や親を驚かす生徒や，大音響でバイクや車を乗り回す若者がいるのは，良さを認められなくとも他のことで認められたい，気づいてもらいたいという思いからである。乳幼児期の子どもたちも同様な欲求がある。いずれの場合も最終的に認められたいのは「自分にとって重要な他者」である。子どもたちにとってもっとも大切な他者は言うまでもなく母親や父親であるが，幼稚園・保育所という場においては保育者，友だちとなる。重要な他者に認められ，私・ぼく——自分という存在を認識し，人格の形成へとつながっていくのである。

　ありのままの子どもを受け入れるという保育者の母性的姿勢が端々に感じられる援助があってこそ，子どもたちは自分の「居場所」を認識するようになる。とくに入園したばかりの幼児は，家庭とは違う園生活に慣れるまで，新たな生活の広がりに対して期待と同時に，不安感や緊張感を抱いていることが多い。そのような幼児にとって，自分の行動を温かく見守り，必要な援助の手を差し伸べてくれる保育者の配慮により，遊ぶ喜びを味わうことができるのである。

事例6-2　小学校，行かへんわ

　3月。幼稚園では生活発表会が終わり，卒園式に向けて練習を始める頃である。ケンタは入園時と比べ，がまんをしたり，自分の感情をコントロール

することが随分できるようになった。その卒園式の練習でケンタは突然涙を流し始めた。「どうしたの？　ケンちゃん？」と担任が尋ねると「幼稚園卒園したくない，小学校行かへんわ」と泣きながら話した。担任は「先生もケンちゃんやみんなとお別れするのはとっても寂しいけど，ピッカピカの小学生になったケンちゃんの姿だって見たいな。先生はずっと幼稚園から見守っているからね」と話すと，ケンタは「わかった」と涙を拭いて，再び卒園式の練習に取り組み，式の当日も時折涙を見せたものの笑顔で巣立っていった。

　親は子育てのなかで，子どもが見せる些細な日々の成長に育ちの喜びを感じると共に，親元を離れていく日が近づくせつなさ・寂しさを感じるだろう。幼稚園や保育所で卒園式に向けて練習する子どもたちは，小学校への期待と園を卒園する寂しさが入り交っている。それは，1人ひとりの子どもたちに寄り添い，温かくその育ちを援助してきた保育者も同じであり，入園時の幼い・あどけない子どもたちが大きく成長したことに喜びを感じると共に，子どもたちを送り出す寂しさがある。担任をした子どもたちの自立に伴い保育者が感じるこのような両義的な感情も，保育者としての母性的な側面であろう。そして，子どもたちは温かな保育者・園から巣立っていくのである。

■かかわりのなかで育つ子ども

　乳幼児期の大きな特徴として，人とのかかわりのなかで心身が発達していくことがあげられる。幼稚園や保育所には自分とは違う他者が大勢存在している。子どもたちは他者の存在を認識しながら，同時に自己認識をすることにより，人とかかわる力が芽生えてくるのである。保育者の適切な援助やふさわしい環境の構成から安定した「居場所」ができた子どもたちは，安心して「好きな遊び」を見つけ出すことができる。そして，同じ遊びをとおして友だちの存在に気づき，一緒に遊ぶ楽しさを味わいながら，豊かに自己表現をす

るようになる。友だちと一緒に遊ぶなかで自分の思いや考えを一方的に出すだけではなく，友だちの思い・気持ちに気づき始め，遊びを円滑に進めるには友だちの思いを受け入れていく必要があることを学ぶのである。

　子どもたちが友だちとかかわって遊ぶ楽しさを知り，遊びが充実してくるような時期には，興味・関心が広がり始め「やりたい遊び」をするようになるが，友だちとの関係のなかで思いが伝わらない，相手の思いが受け入れられないという葛藤・確執も体験していく。この体験のなかで自己主張と自己抑制の“折り合いの付け方”も子どもたちは学ぶのである[3]。しかしながら，子どもたちは乳幼児期の本質的な要求として「温かなかかわり」を求めている。友だち関係の葛藤やぶつかり合いで傷つき，悩む……そのようなときにこそ，保育者の温かな支えを感じることが大切なのである。ありのままの自分を受け入れてくれる安全地帯があることを感じていなければ，存分に自分の思いを出すことができない，傷ついた後に癒やされる場所がなければ，相手に思いをぶつける体験をすることができない。このような体験を蓄積していくことによって，人間関係構築の仕方が「経験」となって定着するのである。

2　発達過程に応じた保育

■ねらいと内容

　幼稚園教育要領，保育所保育指針，幼保連携型認定こども園教育・保育要領において示すねらいとは，育みたい資質・能力を幼児の生活する姿からとらえたものである。そして，内容とは，ねらいを達成するために指導する事項である。これらは幼児の発達の側面から，いわゆる5領域といわれるものに分類されている。つまり，心身の健康に関する領域「健康」，人とのかかわりに関する領域「人間関係」，

[3]　篠山市立今田幼稚園研究冊子　平成22年度兵庫県国公立幼稚園教育研究大会神戸支部研究会「友達の輪を広げ，いきいきと遊ぶ子――自然体験活動を通じた協同的経験のはぐくみ」，2010。

身近な環境とのかかわりに関する領域「環境」、言葉の獲得に関する領域「言葉」、および感性と表現に関する領域「表現」となる。

ここでの領域は小学校教育以上でみられるような、知識や経験を算数・国語・理科・社会……という教科として体系化されるものではない。それらは子どもの発達を見る側面として定義づけられている。

図6-1 色水遊びに使う花びらを集める

たとえば、春に咲く花を使って子どもたちは色水遊びを楽しむことが多い（図6-1）。この園庭に咲いている花を見つけ、こすり、水と混ぜる行為は「環境」とかかわる視点から、子どもたちの発達をみることができる。また、色水ができた感動、喜びを子どもたちが「表現」するために「言葉」を駆使し、その思いを友だちや保育者と共有していく過程は「人間関係」の領域だととらえられる。そして遊びが終わった後は、花や色水をどう片づけるのか、濡れた服を着替えたり、手を綺麗に洗ったりすることは「健康」の側面もある。

このように各領域に示すねらいは、園における生活の全体を通じ、子どもたちがさまざまな体験を積み重ねるなかで相互に関連をもちながら次第に達成に向かうものである。そして、このねらいを達成するために保育者が立案する内容は、幼児が環境にかかわって展開する具体的な活動をとおして、総合的に指導されるものであることに留意しなければならない▶4。

▶4 文部科学省「幼稚園教育要領解説」、2008。

■ 発達段階から「発達の過程」へ

子どもたちはそれぞれその年齢に特有の特性や思考の仕方などがあり、保育者はさまざまな視点からその発達を見ることができる。しかし、その発達のとらえ方には、何かが「できる」「できない」

という表面的な姿からではなく，幼児1人ひとりの育ちの道筋のなかにある課題をどう乗り越え，生きる力を得るような育ちをしているのかという視点が大切である。また「発達」は直線的に進んだり，もしくは階段を登るがごとくステップアップしていくものではなく，行きつ戻りつ，時には立ち止まりながら進むものである。そのため吉村真理子は，『発達』第86号において，"発達段階"から"発達の過程"にこそ注目すべきであるとしている[5]。つまり，年齢ごとの発達段階から到達度を意識した指導計画を作成し保育を行うことよりも，子どもたち1人ひとりが入園してから園を修了するまでの長期的な視野のなかで，何がどう育とうとしているのかという「発達課題」を見出だし，それぞれに応じた援助をしていくことが大切なのである。また保育者は「発達の過程」についての理解に加え，集団生活のなかで子どもがどのような時期を過ごしているのかを把握して，その時期に適切な援助をする必要がある。保育所や幼稚園という集団生活のなかで子どもたちが過ごす時期を整理すると，以下のように大きく3つのカテゴリーに分けられる[6]。

①初めての集団生活のなかでさまざまな環境に出会い試す時期

②遊びが充実し自己表現を楽しむ時期

③人間関係が深まり，学び合いが可能となる時期

保育者は子どもの内面を見つめ，遊びのなかでいまどの時期にあるのかを把握し，その時期を十分に遊び込むことができる時間と場所を確保し，環境を設定していく必要がある。

3 養護と教育が一体となった保育の展開

わが国において"保育"という言葉はさまざまなとらえ方をされている。実際に，保育所で行うものが「保育」であって，幼稚園では「幼児教育」を行っているとの認識をもっている保護者も多い。また，同じ保育という言葉を使っていても，保育所が児童福祉

[5] 吉村真理子『発達段階』から『発達の過程』へ」『発達』第86号，ミネルヴァ書房，2001。

[6] 兵庫県教育委員会「指導の手引き　人とのかかわりを豊かにする教育の推進——幼児が『協同する経験』を重ねるための教師の援助」2010。

法（2010）上の福祉施設であり，幼稚園が学校教育法（2007）に位置づけられる学校教育ということから，保護＋「教育」が幼稚園教育であって，保育所は保護＋「養育」の場だと見なされることもある。しかしながら，日本語の「保育」という言葉は養護と教育の体系を含めたものであり，実践の場では乳幼児の「保育」という概念は，制度の違いは関係なく，長時間であろうと短時間であろうと「養護」と「教育」を統一するものとして確立されてきた。にもかかわらず，その解釈の仕方が実際には時と場，人によって現在異なっており，「子ども・子育て支援新制度」の検討・議論の際も，この「保育」という言葉の定義をあらためて明確にすることが求められた。

　そこで，養護と教育が一体となった保育を展開させるために必要なことは何か？　保育者としてのありようはどのようなものがあるのか？　一度整理していきたい。

　2006年から先進的に進められ，保育所と幼稚園の機能を併せ持つ"認定こども園"において，長時間児と短時間児が共に過ごすコアタイムという時間が作られたことで，小学校教育以上のような一斉授業形態となり養護的な配慮が見られなかった事例があったという▶7。養護と教育の一体化とはほど遠い保育ほど子どもたちにとって不幸なものはない。

　先に述べたように，保育所保育指針，幼稚園教育要領，幼保連携型認定こども園教育・保育要領には教育的な5領域のねらいが掲げられている。この教育的なねらいと表裏一体となるのが「生命の保持」と「情緒の安定」である。つまり養護の視点なのである。幼稚園・保育所という保育の場は，子どもたちの生活そのものの場であり，子どもたちが快適な，そして健康で安全に過ごせるような場でなければならない。そのために保育者は1人ひとりの子どもの平常の健康状態や発育および発達状態を家庭との連絡を密にしながら的確に把握し，清潔で安全な環境を整え，適切な援助や応答的なかかわりを通して，子どもの生理的欲求・安全の欲求を満たしていくことが

▶7　森上史朗「わが国における保育制度の展望──『幼稚園と保育所の関係』を中心に」『保育学研究』43(1)，pp.92-103。

求められる。このような生理的・安全の欲求が満たされることを基本とし，子どもたちは所属と愛情の欲求をもつようになる。保育者や友だちと過ごす園での一員となること，愛され認められることを十分に満たしつつ，5領域のねらいを達成していく必要がある。そのために保育者は1人ひとりの子ども理解を深め，その子に応じた養護・保護を行いつつ，それぞれにふさわしい教育的なねらい・内容へとつながる遊びを理解し，子どもたちが求めているものに気づくことから，養護と教育が一体となった保育が始まるのである。

4 情緒的なかかわりのうちに展開される保育

　平成以降の幼稚園教育要領，保育所保育指針，幼保連携型認定こども園教育・保育要領は「子どもの視点に立つ」教育の視座が明確に示されている▶8。「情緒的な児童中心の教育」を軸に，子どもは豊かな感情を身に付け，コミュニケーション能力，自己抑制をはじめとする自己調整力，人間関係構築力など，"生きる力につながる"情緒面の発達に伴う学びについて，教育要領・保育指針はより比重を置くようになっている。

　しかし，情緒的，社会的および道徳的な発達はどのように促されるのであろうか。まず，子どもは大人との信頼関係をもとにして，子ども同士の関係をもつようになる。この相互的なかかわりを通じて，身体的な発達および知的な発達と共に，情緒的，社会的および道徳的な発達が促されるのである▶9。そして保育者が子どもの示すさまざまな行動や欲求に適切に応えることで，人に対する基本的信頼感が子どもたちのなかに芽生え，同時に保育者との間に「情緒的な絆」が形成されていく。つまり，子どもと保育者の愛着関係へと発展していくのである。

　このように保育者は「子どもの心のよりどころ」となり，園では友だち同士や保育者とのかかわりのなかで，お互いに認め合い，安

▶8　田中亨胤「保育実践のゆくえ」田中亨胤・三宅茂夫編著『保育の基礎理論』ミネルヴァ書房，2006。

▶9　厚生労働省『保育所保育指針解説書』，2008。

定した園生活が送れる場であると子どもたちが感じ，心地のよい温かな「居場所」となるようにしなくてはならない。そのためには保育者が「できたこと・できなかったこと」に対してではなく，ありのままの幼児の姿を「やったこと・取り組んだこと」で認め，褒める機会を増やし自信がもてるようにしていくことが大切である。保育者は常に肯定的で，ゆとりのあるおおらかな態度で子どもに接することを心がけたい。そして，子どもたちの遊びの過程を大切にし，子どもがその遊びのなかで何を経験し，どんなことを達成しようとしているのかを見きわめること，1人ひとりの子どもの思いや発達・育ちに沿った適切な援助をしていかなければならないのである。

5 指導計画という原理原則と1人ひとりの子どもの実態

　子どもたちが，入園してから修了に至るまでの長期的な教育期間を見通すなかで編成され，かつ，園の教育方針が明確にされるものが教育課程・保育課程である。これは園の保育理念・保育観の具現化そのものであり，そしてその思いをより具体化したものが指導計画である。基本的に教育課程は年度当初に立案されるため，入園してくる子ども，進級後の子どもの姿を予想して作成される。同様に長期指導計画（年・期・月）も予想案となるが，ここで立案された指導計画のとおりに保育を進めなければ，理想の教育・保育にならない，というものではない。指導計画は1つの仮説である。実際に展開される生活に応じて常に改善されるものであり，1人ひとりの子どもたちの発達や心情に応じたねらいを作成し，短期指導計画を作成する必要がある。

　たとえば，年度初めに「友だちと遊びを発見しながら育ち合う」と年間目標を計画したとする。その目標を達成するために第Ⅰ期（4～5月中旬）のねらいとしては「友だちと自然や地域を見たり，探検したりして遊ぶ」ということがあげられる。また，年齢別の指導

計画, そして週案・日案という短期指導計画を作成する場合にはより細かくねらいが定められる。5歳児であればその具体的なねらいは次のようなことが考えられる。

○年長になった自覚をもち, 友だちとの交流を楽しむ。
○自分の思いや考えを伝え合い, 他者の気持ちに気づく。
○自分の感じたことや要求を言葉で伝えられるようにする。

　以上のように教育目標から一貫した保育のねらいが, 長期であれ短期であれ指導計画のなかには潜在し, 保育者はそのねらいを達成するための具体的な保育内容を考えて, 日々の遊びを展開する。これが園やクラスでの指導計画作成における原理原則となり, 年度当初に立てられた教育課程のなかで, その子どもが今どの段階の育ちにいるのかというポジショニングを把握しなければならない。しかしながら, 実際にその園で生活する子どもたちは複数存在し, 保育者が計画したねらいに1人ひとりがピタリと当てはまるはずはない。それぞれの子どもがどのようなことに興味や関心をもってきたか, 興味や関心をもったものに向かって自分のもてる力をどのように発揮してきたか, 友だちとの関係はどのように変化してきたか……と1人ひとりの発達の実情を把握し, 個々にねらいをもつことが大切なのである。そして, 子どもたちの発想や遊びの展開の仕方を大切にしながら, あらかじめ設定したねらいや内容を修正したり, それに向けて環境を再構成したり, 必要な援助をしたりという柔軟な指導計画も個に応じて立てなければならない。そのためには, 日案, 保育案を作成するときに, 子どもの名前を入れながら具体的な援助や環境構成を書き入れることで, 遊びの広がり, 友だち同士のかかわりなどが可視化され, より1人ひとりにきめ細かな援助ができるであろう。そしてその日, その週の保育後にはかならず保育案を見直し, 子どもたちの実態に合わせ次の保育へと展開していくことが大切である。

6 教育的な環境と教育的な配慮の統合のうちに 展開される保育を目指して

　保育というのは養護と教育が一体となったものであり，子どもたちが生活する幼稚園や保育所の環境は，すべて養護的かつ教育的な意図をもって整えられるものである。とくに乳幼児の保育は，環境をとおして行われるものであり，固定的な環境，流動的な環境ともども，子どもたちの生活にふさわしいものでなければならない。日本の保育は，倉橋の「生活を生活で生活へ➡10」という言葉で示されるように，生活基盤型保育を目指しているといえる。そして「幼児期にふさわしい生活」を軸に保育が展開されることを幼稚園教育要領，保育所保育指針，幼保連携型認定こども園教育・保育要領においても明確に示している。

➡10 倉橋惣三『幼稚園真諦』フレーベル館，2008。

　では，実際の園生活はどうであろうか。多様な価値観に基づき実践されているわが国の保育には，子どもの能力を強化することを目的とし早期教育・知識の詰め込みを行う就学準備型の園も数多く存在する。また，保護者への「保育サービス」に主軸を移してしまい，子ども主体ではない安易な延長保育を行う園，過度な給食サービスや英語・バレエ・水泳・サッカーなどいわゆる"お稽古"的なカリキュラムを積極的に取り入れる保育も見受けられる。

　しかしながら，保育の場における教育的な環境というのは知識を保育者が与え教授する場ではなく，子どもたち自身の必要感をもって生活を創り出す環境であるべきである。そして，その環境がいかに子どもたちへ働きかけるのか，そして逆に子どもたちがその環境へどうかかわりながら働きかけるのかという双方向性を視点に入れることが重要である。

　保育者はこのような教育的な環境構成をしながら同時進行的に子どもへの援助を行う。小川博久は『保育援助論』において，「保育

者の指導は原則的に"援助"でなければならない」と述べ，保育者は子どもが望ましい状態に達してほしいという願いをもって子どもにかかわることであるとしている◉11。それはもちろん，子どもたちの発達，自己形成などを十分に保育者が把握したうえでの援助であり，保育者の教育的なねらいが背景に意図されたものとなる。そして教育的な環境のなかで，保育者の教育的な援助や配慮が重なり合い，遊びのなかで子どもたちは多くのことを学んでいくのである。

◉11 小川博久
『保育援助論』萌
文書林，2010。

■スウェーデンの事例から

　生活基盤型とされエデュケア理念の先進国であるスウェーデンの保育施設は förskola（フォーシュコーラ：英訳では preschool）と呼ばれ，幼保の機能が一体化している。和訳すれば就学前学校となるが，förskola の前身は daghem（昼間の家）と呼ばれており，ここでの環境は家庭的な生活が基本となっている。それは建物自体がまるで１つの家のようであり，寝食分離された部屋で構成され，園庭はグラウンドではなく自然の隆起を生かし芝生があり，まさに家庭の庭の雰囲気をかもしだしている（図6-2）。しかしながら教育庁が所管するため，義務教育前の学びの場，つまり生涯教育のスタートの場として förskola はナショナルカリキュラムが施行され教育的なねらいをもった保育の場である。そのため，家庭的な雰囲気を大切にしながらも，子どもたちの興味や関心，好奇心や探求心が刺激される環境となっており，保育の実際は日本と同じく遊びを中心としたものとなっている。また，子どもたちの興味や関心から生まれる遊びのなかで，何を学んでいるのかを保育者は詳細にドキュメンテーションで可視化し，保

図6-2　家庭的な雰囲気の保育室

護者へと開示し連携を取っている。これは保護者だけでなく子どもたちも見ることができるようになっており，壁面には子どもたちの作品の提示と共に写真で遊びの過程が見えるようになっている（図6-3）。

スウェーデンは自国の文化・人間性・基本的価値観をベースにしながら，独自の保育システムを創り上げている。förskolaは社会福祉庁から教育庁へと所管が変わることで，子どもたちの基本的な生活や養護の要素となる福祉的な環境としての土台を固めたうえに，教育的な学びを取り入れているのである▶12。スウェーデンにおけるförskolaの保育室構造・人的配置の面などは日本の保育以上に恵まれた環境にあり単純に比較をしたり，追従することはできない。しかしわが国では，家庭教育が揺らぎつつあり，生活基盤の組み直しも保育現場の果たすべき役割となってきている。子どもたちの基本的な生活を整える環境があり，かつ教育的なねらいのある保育環境のもとで，すべての子どもたちが健やかに育つこと，これが日本の保育における大きな課題ではないだろうか。

図6-3 『遊びの過程』が提示される壁面

▶12 吉次豊見「スウェーデン幼児教育の現状——教育庁所管統一後の変換」『幼年児童教育研究』第19号，兵庫教育大学幼年児童教育講座，2006，pp.23-36。

参考文献

泉千勢「スウェーデンにおける幼保一元化の取り組み」保育研究所『保育白書2003』草土文化，2003

OECD経済協力開発機構編，星三和子・首藤美香子・大和洋子・一見真理子訳『OECD保育白書——人生の始まりこそ力強く：乳幼児期の教育とケア（ECEC）の国際比較』明石書店，2011

河邉貴子『遊びを中心とした保育——保育記録から読み解く「援助」と「展開」』萌文書林，2005

白石淑江『スウェーデン 保育から幼児教育へ——就学前学校の実践と新しい保育制度』かもがわ出版，2009

7章 保育・教育課程の考え方

1 幼稚園におけるカリキュラム作成のための諸法令

　幼稚園の教育課程は，それぞれの園の教育目標（保育目標）の実現のために，各園が創意工夫をして作成しなければならないが，そのための指標として国が示す基準や方向性がある。それは，公教育として，どの園においても保育の質が保障されなければならないからであり，子どもの育ちの連続性を踏まえ，幼児期だけで完結するのではなく，その後の育ちや教育の方向性を鑑みた保育計画が必要だからである。この章では，国がどのような基準を定めているのか，根拠となる法令との関係で今までの学びを整理してみよう。

　日本においては，最高法規である日本国憲法（1946）の精神や原理に基づいて，教育分野の根本を示す教育基本法（2006改正）が定められており，さらに学校教育については学校教育法（2007改正）などの諸法規がある。

　幼稚園は学校として，公の性質をもつものであり，教育目標（保育目標）が達成されるように，子どもの心身の発達に応じて，体系的な教育（保育）を組織的に行わなければならない。

学校教育法
第1条〔学校の範囲〕　この法律で，学校とは，幼稚園，小学校，中学校，義務教育学校，高等学校，中等教育学校，特別支援学校，大学及び高等専門学校とする。

　また，このことは単に幼稚園が学校であるからというだけでなく，

「幼児期の教育は，生涯にわたる人格形成の基礎を培う重要なものである」（教育基本法第11条「幼児期の教育」）とする教育的意義にもとづいたものである。

この幼児期の教育の考え方にもとづき，学校教育法では幼稚園の目的と目標を次のように定めている。

学校教育法
第3章　幼稚園

第22条〔目的〕　幼稚園は，義務教育及びその後の教育の基礎を培うものとして，幼児を保育し，幼児の健やかな成長のために適当な環境を与えて，その心身の発達を助長することを目的とする。

第23条〔目標〕　幼稚園における教育は，前条に規定する目的を実現するため，次に掲げる目標を達成するよう行われるものとする。

　一　健康，安全で幸福な生活のために必要な基本的な習慣を養い，身体諸機能の調和的発達を図ること。
　二　集団生活を通じて，喜んでこれに参加する態度を養うとともに家族や身近な人への信頼感を深め，自主，自律及び協同の精神並びに規範意識の芽生えを養うこと。
　三　身近な社会生活，生命及び自然に対する興味を養い，それらに対する正しい理解と態度及び思考力の芽生えを養うこと。
　四　日常の会話や，絵本，童話等に親しむことを通じて，言葉の使い方を正しく導くとともに，相手の話を理解しようとする態度を養うこと。
　五　音楽，身体による表現，造形等に親しむことを通じて，豊かな感性と表現力の芽生えを養うこと。

目的規定により，幼稚園は，続く義務教育のみならずその後の教育の基礎であることをも意識した教育課程が必要であることがわかる。しかし同時に，幼稚園は「自我が芽生え，他者の存在を意識し，自己を抑制しようとする気持ちが生まれる」幼児期の特性を踏まえ，教科学習を中心とした小学校以降の系統的な学びとは異なる，適当な環境設定に配慮した保育特有の計画が求められるのである。

各幼稚園は教育課程の編成をするにあたって何を指標とすればよいのだろうか。各園では，国（文部科学大臣）が定めた幼稚園教育要領を基準としたうえで，それぞれの教育目標や実情にあわせて創意工夫をした教育課程を編成しなければならない。このことの根拠法令を以下に示す。

学校教育法施行規則

第38条　幼稚園の教育課程その他の保育内容については，この章に定めるもののほか，教育課程その他の保育内容の基準として文部科学大臣が別に公示する幼稚園教育要領によるものとする。

　各幼稚園の自由裁量に期待しつつも，保育の質の確保と保障を維持するために，国として一定の基準を示しているのである。

　前掲の学校教育法第23条の目標を達成するために，幼稚園教育要領では，「各幼稚園においては，教育基本法及び学校教育法その他の法令並びにこの幼稚園教育要領の示すところに従い，創意工夫を生かし，幼児の心身の発達と幼稚園及び地域の実態に即応した適切な教育課程を編成するものとする」（第1章「総則」第3-1「教育課程の役割と編成等」）とされている。

　また，各幼稚園においては，全体的な計画にも留意しながら，「幼児期の終わりまでに育ってほしい姿」を踏まえて教育課程を編成することとともに，その基本的な方針が家庭や地域とも共有されるように努める必要がある。すでに，幼稚園は学校であるがゆえに，体系的な教育を組織的に行わなければならないことを述べたが，この全体的な計画にも留意しながら，各幼稚園の教育活動の質の向上を図っていくこと，すなわちカリキュラム・マネジメントに努めなければならない（同3-1）。

　カリキュラム・マネジメントとは，教育課程の実施状況を評価してその改善を図っていくこと，教育課程の実施に必要な人的又は物的な体制を確保するとともにその改善を図っていくことなど，教育

活動の質向上にむけてのゆるぎない取り組みである。

　幼稚園は，1日4時間の教育時間を標準として，年間39週を下らない教育週数のなかで，幼児の生活経験や発達の過程などを考慮しながら充実した生活が展開できるように配慮しなければならない。

2 保育所等における保育の計画作成のための諸法令

　幼稚園と保育所は，設置運営のしくみとしては異なる歴史をたどってきたが，同じ幼児期の子どもを対象とする以上，いずれにあっても分け隔てのない質の高い保育環境が求められるのはいうまでもない。幼稚園と同様に，保育所でも国の定めた法令を根拠として保育の質を高めようとするしくみが作られている。

　「保育を必要とする乳児・幼児を日々保護者の下から通わせて保育を行うことを目的とする施設」（児童福祉法第39条）である保育所は，児童福祉施設の設備及び運営に関する基準（2016年改正）によって，設備や職員，保育時間や保育内容について，一定水準の質を確保するように定められている。保育政策が，就労する親の増加とともに待機児対策という保育需要の増大に向き合う現代においてこそ，保育の場では専門性の追求と質の向上を目指すしくみが求められるのである。

児童福祉施設の設備及び運営に関する基準

　第35条　保育所における保育は，養護及び教育を一体的に行うことをその
　　　　　特性とし，その内容については，厚生労働大臣が定める指針に従う。

　すでに6章で学んだように，養護と教育を一体的に行うことを特性とする保育所の保育内容について厚生労働大臣が定めたものが保育所保育指針である。各保育所では，上記の児童福祉施設の設備及び運営に関する基準第35条の規定を根拠として，保育所保育指針

に従い，保育の計画と評価によって質の向上を図らなければならない。

保育所保育指針によると，保育の目標（第1章「総則」）を達成するために，保育所保育の全体像を包括的に示す「全体的な計画」を編成するとともに，これを具体化した「指導計画」「保健計画」「食育計画」を通じて，各保育所が創意工夫しなければならないとされている。さらに全体的な計画を作成する際，以下のことに配慮することが必要である。

①子どもや家庭の状況，地域の実態，保育時間などを考慮すること
②子どもの育ちに関する長期的見通しをもって適切に作成されなければならないこと

保育所では，全体的な計画に基づいて実践し，振り返りによる改善点を明日の保育に反映させて保育の質の向上を目指すことが求められているのである。

3 幼保連携型認定こども園における全体の計画作成のための諸法令

幼保連携型認定こども園は，保護者の就労状況にかかわらず，就学前の子どもに対して教育・保育を一体的に行うとともに，園に通っていない子どもの家庭も含めて地域で必要とされる子育ての支援を行う施設として，就学前の子どもに関する教育，保育等の総合的な提供の推進に関する法律（以下「認定こども園法」）第2条第7項にその目的が規定されている。

就学前の子どもに関する教育，保育等の総合的な提供の推進に関する法律
（認定こども園法）
第2条（定義）

7章　保育・教育課程の考え方

> 7　この法律において「幼保連携型認定こども園」とは，義務教育及びその後の教育の基礎を培うものとしての満3歳以上の子どもに対する教育並びに保育を必要とする子どもに対する保育を一体的に行い，これらの子どもの健やかな成長が図られるよう適当な環境を与えて，その心身の発達を助長するとともに，保護者に対する子育ての支援を行うことを目的として，この法律の定めるところにより設置される施設をいう。

　また，同法令第9条には「教育及び保育の目標」が規定されているが，前掲の学校教育法第23条の幼稚園の教育目標5項目に加えて，「六　快適な生活環境の実現及び子どもと保育教諭その他の職員との信頼関係の構築を通じて，心身の健康の確保及び増進を図ること」と記されている。

　幼保連携型認定こども園では，これらの目的および目標を達成するため，乳幼児期全体をとおして，その特性および保護者や地域の実態を踏まえ，環境をとおして行うものであることを基本とし，家庭や地域での生活を含めた園児の生活全体が豊かなものになるように努めなければならない。また，その教育課程その他の教育および保育の内容に関する事項は，認定こども園法第10条において，幼稚園教育要領および保育所保育指針との整合性の確保や小学校における教育との円滑な接続に配慮しなければならないと規定されている。幼保連携型認定こども園教育・保育要領（以下「教育・保育要領」）は，内閣府・文部科学省・厚生労働省共同告示により2017（平成29）年3月に改訂されたが，その改訂に関する検討会の「審議のまとめ」において，幼稚園教育要領と保育所保育指針との整合性について以下のように示されている。

審議のまとめ（教育・保育要領の改訂に関する検討会）

○幼稚園教育要領との整合性

　・幼保連携型認定こども園の教育及び保育において育みたい資質・能力を明確

にしたこと

・5歳児修了時までに育ってほしい具体的な姿「幼児期の終わりまでに育ってほしい姿」を明確にしたこと

・園児の理解に基づいた評価の実施，特別な配慮を必要とする園児への指導を充実させたこと

・近年の子どもの育ちを巡る環境の変化等を踏まえ，満3歳以上の園児の教育及び保育の内容の改善を図り充実させたこと

○保育所保育指針との整合性

・乳児期及び満1歳以上満3歳未満の園児の保育に関する視点及び領域，ねらい及び内容並びに内容の取扱いを明示したこと

・近年の課題に応じた健康及び安全に関する内容の充実，特に災害への備えに関してや教職員間の連携や組織的な対応について明示したこと

4 保育の基本としての保育・教育課程

　保育・教育課程は，各園の掲げた保育・教育目標とその達成を目指して入園から卒園までにわたって企画・計画された道筋の総体を示すものである。いくら保育者としての一個人がそれぞれ優れた保育をしようとも，どのような人間に育ってほしいかというねらいが保育者ごとに異なっていたり，保育者の感性にゆだねた保育をバラバラに展開したりすると，保育・教育目標の達成は遠のいてしまう。つまり，保育・教育課程は各園の保育の質そのものを表していることになる。

　ここで，ある幼稚園の教育目標を「生きる力を育てる保育」としよう。この目標を達成するために，どのような方針が考えられるだろうか。「遊びを通して1人ひとりを生かした」保育を考え方の中心に据えたとしても，その具体的な計画は，自然や動物を主たる教材として展開するものや，異年齢による人的環境を活用した展開によるものなどさまざまであろう。また，徹底した自由遊びを通じて

7章　保育・教育課程の考え方

主体的に生活を作り上げる考え方もあれば，プロジェクト型保育
■1によって遊びを継続的に気づきや学びに発展させていく考え方
もある。教育目標は形骸化したモットーではなく，実現しなければ
ならない最大の課題なのであり，その達成のための全体的な計画の
作成は，目の前の子どもをしっかりと把握し，保護者の考えや実態，
地域性などを加味しながら保育の専門性に基づいて総合的に考えら
れるものだからである。

　さて，今まで幼稚園，保育所，幼保連携型認定こども園という大
きなくくりで考えてきたが，ひと口に保育・教育目標といってもそ
れぞれの園の特徴や方針によって目標の立て方そのものが異なり，
自ずと全体的な計画も工夫が求められることになる。さまざまな施
設やその保育形態のありようによってどのように異なるのかを考え
てみよう。

■幼保連携型認定こども園

　幼保連携型認定こども園は，その特性に配慮した保育の全体的な
計画が求められる。満3歳以上の学級においては，義務教育および
その後の教育の基礎としての教育と，保育を必要とする子どもに該
当する園児に対する保育を一体的に提供するための計画が必要にな
る。つまり，長時間在園する園児と短時間在園する園児など，保護
者の就労状況などの生活スタイルを反映した子どもの利用時間や登
園日数の相違をふまえたうえで，教育活動の充実を図らなければな
らない。

　また，個々の子どもの生活リズムの違いはもとより，入園した時
期により集団生活の経験年数が異なる園児がいることや，在園時間
の異なる園児がどのような割合で構成されているかについても勘案
しながら教育および保育の計画内容を工夫していくことが求めら
れる。年度が変わる4月当初は，3歳児の学級では，2歳児の学級
から移行する子どもが学級規模などの環境の変化に対して安心感を

■1　ここでは，
テーマ（対象）
に興味・関心を
もった子どもた
ちが複数集まっ
て影響し合い，
模索し合いなが
ら遊びや気づき
による学びを継
続的に発展させ
ていく保育方法
を指している。
子ども中心，あ
るいは保育者主
導と固定化する
のではなく，子
どもも保育者も
共に応答的に影
響し合う。

101

持ってなじむように2歳児後半から段階的な配慮をするとともに，3歳児から入園する子どもと子ども同士のつながりができるように保育教諭が柔軟に対応していくことが必要である。

　幼保連携型認定こども園においては，あらかじめ設定した保育・教育時間帯のなかから選択するしくみをつくっているところもある。たとえば，①10時から14時，②7時30分から14時，③9時から17時，さらに夕方延長して④18時30分までなどと設定されている場合，①の時間帯は，4時間を標準とした「幼稚園の教育課程に係る教育時間」として，基本的にすべての子どもが在園する，あるいはもっとも子どもの人数が多い時間としての保育計画が必要となる。また，②③④の①以外の時間帯および長期休業中の保育は，1日につき8時間を原則とする「保育を必要とする子どもに該当する園児に対する教育及び保育の時間」であり，園児の家庭の状況や地域の実態を把握して創意ある全体的な計画を作成しなければならない。

　保育の重要度は参加する子どもの人数によるのではなく，どの子どもにとってもどの時間帯の保育も同じく重要なのであり，無理なくしかも充実した時間が過ごせるような計画であることが必要である。そしてメリハリのある時間のなかで，気持ちの安定した，しかも満足感のある保育が展開されるために，子どもを中心に据えたカリキュラムの工夫が求められる。

■乳児保育所

　乳児保育所は乳児から2歳児までを対象として，月齢によって細かく区分しながら保育している。この場合，養護の行き届いた環境のなかで，個々の乳幼児の発達段階はもとより，満2歳以上の幼児を入所させる保育所に比べて，子ども集団としての活動の特性，基準としての設備の特性などをふまえた保育の計画が必要である。1人ひとりの子どもの集まりが集団の性質を作り上げると同

7章　保育・教育課程の考え方

時に，集団の性質は1人ひとりの子どもに影響をもたらす。同じ2歳児であっても，子ども集団の年長としての2歳児と，3歳児以上が大勢いる子ども集団のなかの2歳児とでは，ねらいに向かう方針が異なり，それぞれの特性を生かした工夫が求められるのである。

■家庭的保育事業◀2

保育時間は1日につき8時間を原則とするものの，乳幼児の保護者の労働時間その他家庭の状況などを考慮しながら，その保育要求に応じた保育を家庭的保育者の居宅において展開するという特性がある。家庭的保育者の保育する乳幼児の数は3人以下であるため，保育の計画は保育所保育指針に準拠しながら，個別なものになる。これは，家庭的保育事業の特性に留意して，保育する乳幼児の状態に応じた保育を行うことが最も大切にされなければならないからである。家庭的保育者は，乳幼児の発達過程に応じた「全体的な計画」及び「1日の保育内容」を作成し，記録をとりながら自らの実践を振り返り，さらなる保育内容の向上に努める。

■統合保育を取り入れた幼稚園・保育所

特別な配慮や支援の必要な子どもたちと共に園生活を過ごす保育形態を統合保育という。障がいの有無にかかわらず，子ども同士がお互いの個性や存在を享受する感覚を自然に培い，共生社会のありようを「ねばならない」という受動的な意識ではなく，当たり前の現実として体感していく経験にもつながる。統合保育においては，障がいのある幼児1人ひとりに必要とされる教育的ニーズを正確に把握し，一貫した適切な支援を行うことを目的として，個別支援計画書の作成が求められている。つまり，作成した個別計画を活用した全体的な保育の計画が必要なのであり，個別の計画は常に担当保育者が中心となって保育実践をとおして評価し，さらにその結果を次の計画に反映させていくのである。このカリキュラム・マネジメ

◀2　保育対策促進事業として「家庭的保育事業ガイドライン」に沿って行うことが求められる。家庭的保育者は保育士あるいは保育士と同等以上の知識及び経験を有すると市町村長が認める者（看護師，幼稚園教諭，その他）が研修を受けて資格を得る。家庭的保育補助者及び家庭的保育支援者とともにその専門性の向上に努めながら社会的責任を遂行する。

103

ントによって，個別の支援が保育者全体に共有され，園全体の一貫
した保育の実践につながっていく。

　いかなる保育形態であって，子ども 1 人ひとりの状況をふまえ
たうえで，まず目の前の子どもたちをよく観察すること，そして 1
人ひとりの育ちとクラス集団の状況を園の目標，今月のねらい，今
週のねらいに照らし合わせて明日の保育を考えることが大切である。
見通しをもった保育の計画とは，保育活動として展開していくなか
で，生きた子どもたちと相互作用しながら生成される計画であるべ
きであろう。

5　理想的な子どもの生活を実現するために

■家庭や地域との連携

　保育の基盤となる保育観や教育観は，園の職員全体のみならず保
護者にも，ひいては協働関係にある地域にも理解されなければなら
ない。たとえば，「豊かな心と健康な体を育てる」ことをねらいと
した場合でも，その内容としてたっぷりと遊び込むことによって主
体的な自己形成を促していく方法や，専門講師による音楽や体育な
どの体感指導をとおして情緒形成していく方法など，ねらいに迫る
方法はさまざまである。そこに各園の独自性が表れるのであり，期
待される子どもの姿として「こんな子どもに成長してほしい」とい
う願いや期待とその実現のためにどのように展開していくのかを具
体的に描くカリキュラムとして具現化されることになる。

　実際の保育は，カリキュラムを子どもに当てはめるのではなく，
目の前の子どもをとらえて，その毎日を豊かに充実したものにする
ように生活をともに作り上げていく。ねらいはその生活について見
通しをもって考える際の指標となるのである。

　カリキュラムの実現のためには，家庭との連携や地域との協働的

104

活動が求められる。家庭との連続性において子どもの生活1日のリズムが形成されるのであり，保育所や幼稚園での生活のみを切り離して描くと，一貫性のある育ちやねらいの達成は難しいものになる。家庭によって子どもに期待する姿は多様に存在するのであり，園の側でもそのことを保護者とともに情報共有しながら，園のねらいとの一貫性について保護者に理解と協力を求めていくことが望ましい。

　伝達の方法としては，お便り帳，園便り，保護者会，行事などの他，日々の保育の様子を撮影・録音などによって記録（ドキュメンテーション）し，教育のねらいと照らし合わせて意味づけしたものを掲示して，保護者が送迎時に見られるように工夫することなども考えられよう。

　また，地域がその力を動員して子どもの育ちを支えることを期待されているのは，子育ての実態が地域に埋没してしまうことによって，子育ての困難性や課題が見えにくくなっている現状を何とか打開しようと模索するからである。内閣府の子ども・子育て本部による子ども・子育て支援事業計画においても，子どもの育ちをめぐる環境の変化を指摘したうえで，地域や社会が保護者によりそい，親としての成長を支援していくことにより，子どものよりよい育ちを実現することができると述べられている。

　さらに，子どもは地域のなかで育つことによって地域の一員としての自覚を形成していく。そして，地域の活力として還元されるのである。このシティズンシップ教育🔒3 の考え方を保育所や幼稚園のカリキュラムとして位置づけていくことにより，子育てのセンターとしての機能の充実を図り，家庭や地域との連携や協働を円滑なものにしていくことが期待される。

■子どもの最善の利益を考慮したカリキュラムへ

　保育所保育指針の総則には，保育所は「入所する子どもの最善の利益を考慮し，その福祉を積極的に増進することに最もふさわしい

🔒3　市民性教育の意味として，イギリスでは参加型民主主義の実現をより具体的なスキルに置き換えて重視されるが，日本では非政治的なコミュニティ活動や市民としての自己教育という意味で用いられる。保護者を巻き込んで，幼児期から市民性の素地をいかに培っていくかが今後の課題である。

105

生活の場」であることが示されている。

　しかし，現実的には保育の質的向上を目指す議論は取り残されたまま，量的拡大としての待機児解消が優先されている傾向が強い。都市部への人口流入や女性の就業促進政策による夫婦共働き家庭の増加が，需要に満たない保育所不足を切実な問題として浮上させた。待機児対策が行政課題とされて衆目を集めたことは，さらに新たな課題を生み出している。

　たとえば，施設の量的確保を最優先させたことによる物理的基準の緩和がもたらす保育の質の低下である。親の就労保障としての保育の確保は，子どもの発達保障の基底的要件ではあるが，同時にその保育の質が担保されなければ「子どもの最善の利益」にはつながらない。たとえば，都市部において，保育所の用地確保が難しいために園庭のないビルの狭い空間に保育施設がつくられると，待機児解消策にはなるものの，保育の計画は，限られた保育環境の制約のなかで展開せざるを得ないことになる。結果「子どもの最善の利益」の追求にも制限が課されてしまうことになりかねない。そしてこの問題を打開するためには，限られた環境を有効に生かすカリキュラムの工夫を待つしかない。

参考文献

内閣府・文部科学省・厚生労働省「幼保連携型認定こども園教育・保育要領，幼稚園教育要領，保育所保育指針中央説明会資料」（2017年7月）

無藤隆・汐見稔幸・砂上史子『ここがポイント！3法令ガイドブック──新しい「幼稚園教育要領」「保育所保育指針」「幼保連携型認定こども園教育・保育要領」の理解のために』フレーベル館，2017

8章 指導計画の考え方

1 指導計画

■指導計画は料理のレシピのようなもの

保育に欠かせない指導計画は，料理のレシピのようなものだと考える。相手が乳児なら栄養バランスの取れた離乳食。高齢者や幼児なら普通食だが油は控えめで肉は軟らかくする。成人女性なら食物繊維がたっぷりだけど，カロリー控えめヘルシーにというように，相手の実態に合わせて材料を選び，調理法を選択する。

ある食育講演会で，「料理をする際，食べる人の笑顔やその人への愛情を思い浮かべながら作らないといけない。思いというのは料理をとおして相手に伝わる。もし，むしゃくしゃした気持ちで料理をすると，それを食べる人の健康によい影響は与えないから，すぐに改めるように」という話があった。なるほど，指導計画を立てることに似ている。保育者はクラスの子を思い浮かべながら，「喜んでくれるだろうか。挑戦してくれるだろうか」「明日は，こうなりそうだからこれを準備」などと思いながら計画し，早く子どもたちと会いたくなる。

そのような計画を立てるには，子どもの様子をしっかり理解し，いま必要な経験（発達の課題）は何かを考え保育者間で話し合う必要がある。その際，子どもの興味・関心と，保育者の思いをバランスよく絡み合わせた内容にしなければならない。料理にたとえると，子どもが好きなハンバーグやオムライスだけだと，栄養の偏りや咀

嚼力に影響があるであろうし，料理する側の思いだけで，野菜づくしの煮物や炒め物ばかりでは，子どもの食への期待が薄れてくるであろう。栄養（育てたいこと・経験させたいこと）もあり，魅力的なメニュー（興味・関心のある遊び）であることが大切である。

事例8-1 「今日もやりたい」（幼稚園2年保育　4歳男児）

ソラは入園当初から，新聞紙やレゴブロックなどを使って，忍者になりきって遊んでいる。「見て！　忍者だよ」と保育者にはイメージを伝えられるものの，友だちの前では消極的な様子。がまんしたり，仲間に追従したりする様子も見られた。

12月の生活発表会では，ごっこ遊びが好きな子どもたちと相談し，4歳児クラスは忍者のオペレッタを演じることになった。

ある日，いつものようにクラスのひとときに，オペレッタを舞台で踊っていると，ソラが担任にこんなふうに伝えてきた。「先生，ここはゴロゴロ転がったら？」「どうして？」と尋ねると，「だってさ，『こっちにドッカーン』って歌ってるから」「なるほど，そうだね」と答えた。

さっそく担任が，「ソラさんからいい考えがあるって」と同じ役柄の友だちを集めると，ソラは歌いながら一生懸命に演じ，みんなに提案をした。聞いた仲間は口々に「いいね。そうしよう」と同調し，ソラはとても嬉しそう。以来，ソラは，どんどん提案するようになった。衣装には，「かみなりマークをつけよう」「今は暴れるところ（場面）じゃない。倒れるところ」など，いつの間にか役柄のリーダー的存在に。さらには，「今日もオペレッタやろう」とクラス全体に伝える様子なども見られ，発表会当日まで，楽しみながら演技を行った。

発表会に至るまでの経験がきっかけで，その後の生活においても，友だちの思いを受け止めながらも，自分の考えを積極的に伝えて遊びを進めていき，クラスの中心的な存在になった。

生活発表会は，多くの園で指導計画に位置づけられている行事の1つである。行事はつい見栄えや出来栄えを気にしすぎて，完璧

8章　指導計画の考え方

に仕上げようとしがちではなかろうか。しかし，指導計画は料理のレシピのように，相手のことを考えながらおいしくて栄養バランスの取れた，食べやすいものが望ましい。ここでの相手とは，観客ではなく子どもたちである。ソラの様子から発達の課題をとらえ，本児の興味・関心と，保育者の思いをバランスよく絡み合わせて保育を行ったことで，彼は自己を発揮しリーダーシップがとれるようになった。保育者は，ソラの提案を傾聴しそれを他児に伝える場を設けた。友だちに認められることで，ソラが自信をつけていき，ますますイメージが膨らんできたことが読み取れる。保育者のかかわり方によって意欲は引き出され，ソラのイメージはみんなに共有され，豊かな経験となる。この事例からは，ソラの世界観をかなえるために奮闘する保育者の姿がうかがえる。子どもたち1人ひとりの育ちが，全体の育ちにつながることがわかる事例である。

■総合的に育てるということ

　環境をとおして行う教育を基本とする保育において，子どもの主体的な活動としての遊びを中心とした指導を計画することは，幼稚園教育要領（以下，要領）および保育所保育指針（以下，指針）に述べられているとおりである。

　指導計画を考える際に，「健康」「人間関係」「環境」「言葉」「表現」の5領域のねらいを達成する内容を計画する必要がある。各領域は各々が独立して考えられるのではなく，総合的に子どもの育ちをとらえる窓口であることを確認したい。料理でも同じことがいえる。特定の栄養素を料理から摂取しようとするのは，無理がある。たとえば，カレーライスは，炭水化物であるご飯，タンパク質である肉類や，ビタミン類が含まれている野菜，脂質やナトリウムが摂れるルウなどでできている。食材にはそれぞれさまざまな栄養が含まれているが，カレーライスを食べる際に，特定の栄養素，仮にビタミンAだけを摂取しようとニンジンだけを選んで食すると，そ

109

れはもはやカレーライスではなくなる。このように、カレーライスというメニューを食することで、それが血となり肉となり、体の調子を整え、エネルギーになり、体を総合的に作るのである。保育に置き換えて考えると、一見、領域「健康」のようなドッジボールも、チームの友だちと役割分担や協力をする領域「人間関係」、仲間や相手との声の掛け合いや応援など、領域「言葉」、土に石灰や水、石などで枠線を引く、土や芝生、風との触れ合いを肌で感じる領域「環境」、仲間とのやり取りや盛り上げ方を工夫する領域「表現」など、5領域のねらいを総合的に達成するものなのである。

事例 8-2 「スーパーデラックス」（幼稚園2年保育・5歳児）

9月下旬。砂場は子どもたちが「スーパーデラックス」と名付けた水運びの道具（図8-1）を使って賑わっている（図8-2）。それは大きな緑色の樽のようなバケツに紐が付いている道具で、子どもの力で運ぶには、3人がかりの大きさである。砂を深く広く掘ったなかには、男児2人が入っている。底が浅い荷車で運んだ水は、すくい出しやすいので小さなショベルですくい、砂の内側の壁にまき、ペタペタとショベルの甲でたたくことを繰り返している（コンクリートの壁塗りの様子）。

図8-1 スーパーデラックス

「スーパーデラックスで運んできたよ」「入れて。入れて」勢いよく水が流し込まれると歓声があがる。「また汲んでくるよ」「20cm入れよう」と水道の蛇口のところで手柄杓（てびしゃく）によって測っている。

図8-2 協同で砂遊び

「スーパーデラックス」という言葉を共有し、笑いながら伝え合

い，自分たちの造語を楽しんでいるようである。生活のなかで言葉の面白さに気づき，交わし合う喜びを味わっている。また仲間と力や呼吸を合わせて運ばなければ，目的地までたどり着かない。体をいっぱいに使いながら，友だちとのかかわり方を学び，共通の目的に向かっている。さらに20cmと言いつつ，水はほぼ満タンに運んでいる。20cmという「表現」は，子どもたちのなかでは「今より多い量」として認識されているのであろう。手柄杓で水の量を測ろうとするのは，ご飯を炊く姿を連想させる。生活で経験したことを遊びに取り入れ，仲間とイメージを共有しながら数量への関心が高まっていることがうかがえる。

　また，ショベルで穴を固めている男児2人の様子からは，道具を使う手際のよさが伝わってくる。水や砂，道具の特性を知り，工夫し夢中になって遊んでいる。子どもたちは水をすくい出す道具として荷車を使っている。水を運ぶだけでなく，底が浅いため水をすくうのに便利だと気づいている。2人は相談しなくとも同じような仕草を繰り返していることから，思いは伝わり合い，遊びが広がっていることがわかる。子どもたち1人ひとりが，自然に役割分担をして思考を巡らせ遊びに没頭する姿は，学びに向かう力につながる。子どもたちが主体的に環境にかかわり，思考しながら対話し，環境そのものを変えていく。その姿はアクティブ・ラーニングにほかならない。

　要領には，幼稚園教育において育みたい資質・能力の3つの柱である①知識・技能の基礎，②思考力，判断力，表現力等の基礎，③学びに向かう力，人間性など，これらを一体的に育むと記されている。また，「幼児期の終わりまでに育ってほしい姿」としてあげられている10項目を教師が念頭に置き，子どもの姿と照らし合わせ，今の育ちをより豊かにする活動を計画するように示している。これらの項目は独立して指導するものではなく，あくまでも総合的に育んでいくことを忘れてはならない。

2 絶妙な味つけは，保育者の援助と環境の構成

　たとえ野菜中心でも，料理手の工夫しだいでおいしい料理に早変わりする。保育においては，保育者の援助や環境が大事な味付けをする。せっかくよい教材を取り入れようとしても，それが子どもの興味・関心を引く演出や環境がないと，よい教育効果を生み出さない。反対に，保育者の適切な援助や環境の構成によっては，子どもの成長に大きな影響を与えることがある。次の事例を見てみよう。

事例 8-3 「バスに乗れたね」（幼稚園2年保育・4歳男児）

　集団生活が初めてのショウは，4歳で幼稚園に入園してきた。新しいことは不安がり，泣いて恐怖を訴える。そんなショウに保育者は家庭と情報交換しながら保育を行ってきた。

　秋の遠足で，大型バスに乗り動物園に行くことになった。遠足の前週，母親はバスを怖がるショウに少しでも慣れさせようと，休日に路線バスに乗ろうと挑戦してくれた。しかし，なかなかうまくいかなかったとのこと。

　そこで立てた指導計画は，次のとおりになった。

(1) 遠足の2日前にホールに集まり，「バスごっこ（図8-3）」をし，「動物園へ行こうよ」を歌う。クラスには動物園の写真の掲示をする。

(2) 当日，大型バス2台とマイクロバス1台を借り，ショウのクラスはマイクロバスに乗せてみて，大丈夫であれば帰

図 8-3　バスごっこ

図 8-4　バスでの様子

8章　指導計画の考え方

りは大型バスを経験させる。
（3）緊急車両として軽自動車を用意し，副園長が最後に園を出発する。
　実際に保育を行ってみると，ホールの集会で高まった遠足への期待を胸に，友だちと笑顔でバスに乗り込むショウの姿があった。帰りは大型バスに乗り（図 8-4），帰ってきた日から数日間「バスに乗れたね」と笑顔で母や保育者に誇らしげに伝えるショウであった。

　指導計画は遠足当日にとどまらないことがわかる。1人ひとりの発達の課題によりそい，家庭と連携を図りながら，バスや動物園を含めた遠足そのものに期待が持てるように配慮していったので，遠足がただ苦手意識の克服に終始せず，楽しいうえに達成感を味わわせることができた。保育者の絶妙な味つけ（援助と環境の構成）があったからだといえる。遠足の感動を描画や制作で表現したい気持ちを満たすような場と時間を提供するのも，忘れてはならない。

3 季節・自然とのかかわり

　要領の領域「環境」のねらいに，「（1）身近な環境に親しみ，自然と触れ合う中でさまざまな事象に興味や関心をもつ」「（2）身近な環境に自分から関わり，発見を楽しんだり，考えたりし，それを生活に取り入れようとする」とある。保育者がチョウの幼虫に出会わせる環境を構成しようと計画した事例を紹介しよう。1匹の幼虫との出会いが子どもたちの知的好奇心をくすぐり，豊かな経験につながっていく。

事例 8-4　「青虫君，元気でね」（2年保育　5歳児）
　「幼虫見つけた！」と園庭から勢いよく走ってナオトが部屋に入ってくる。ナオトの声に，クラスのみんなも注目した。「何の幼虫だろう」「アゲハ

113

チョウかな？」「モンシロチョウじゃない？」と，さまざまな意見が出た。子どもたちはこの幼虫に興味・関心が高まり，育ててみたいと保育者に要望してきた。「クラスのみんなで大事に育てていこうね」と話し合いをした。そしてさっそく，観察ケースに入れて図鑑と虫めがねを用意する。子どもたちは図鑑を見て，チョウの名前を調べ始めた。「これ，カバマダラだよ」とナオトが指差した。そして，「わかった。この幼虫が食べるのは，この葉っぱだよ」と食草を調べ，園庭に生えているトウワタを取り，ケースに入れていく。幼虫の成長を楽しみに待ち，何日も観察をしていく子どもたち。「青虫君」と名前をつけて，週末休みの前はその分多めに食草を入れてあげている。

　ある朝，登園してきてすぐに観察ケースの上にぶらさがっているサナギに驚く子どもたち。「すごい。もう少しでチョウになるよ」と大騒ぎ。次の日サナギから脱皮して，チョウになる瞬間を目の当たりにした。「頑張れ」「落ちないでよ」と応援する姿があった。

　見事にチョウになると「やったー」とクラスみんなで喜びを分かち合った。そして，乾いた羽をヒラヒラと羽ばたかせている様子を見て「外に飛ばしてあげようよ」と意見が一致し，ベランダに出た。それから飛び立つカバマダラに，クラス全員で「元気でね」と手を振りお別れをした。

　チョウになるまで成長を見とどけた感動は，子どもたちにとって心に残る出来事であった。その後，サナギの絵やチョウの絵を描いて喜ぶ子どもたちの姿があった。この感動体験をとおして感じたことや思ったことを表現したい気持ちを満たせるように，保育者は制作に使えるさまざまな素材を準備した。すると，チョウの絵を切って割り箸につけてペープサートを作り始める子がいた。作ったペープサートをヒラヒラと舞うように動かして遊んだり，友だち同士で「青虫君」というお話を作って人形劇を演じたりしていた。

　　青虫君は子どもたちの仲間であり，その成長を願う姿はまるでお世話ができるまでに成長した自分を実感した喜びのようである。その思いにそっとよりそい，子どもたちに目を細める保育者の様子が浮かぶような事例である。

8章　指導計画の考え方

さまざまな素材に出会わせ，子どもが感動を形にしたい思いや，友だちとイメージを共有したい意欲を満たしていくことで，想像力が育まれていく。保育者自身がさまざまなモノの性質や特質を知り，子どもの実態に合わせて環境を整えていく必要がある。保育者が意図的に設定した環境の中から子ども自身が道具や素材を選択し，工夫しながら制作している。その経験は幼児期の学びにとって重要であり，小学校以降の学習の基盤になるのである。

4　地域の特色を生かして

地域の子どもがどのように育ってほしいかと望ましい子どもの姿を描き，かかわる大人がそれぞれの立場でどのような援助をしていくべきか，そうした理想に向かって途切れない援助ができるように，カリキュラムを編成し連携，実践していくことが肝要である。

■小学校との連携（幼・小併設園）

文部科学省は，2010年，幼児期の教育と小学校教育の円滑な接続の在り方に関する調査研究協力者会議のなかで，「子ども一人一人の発達や学びは，幼児期と児童期とではっきりと分かれるものではないことから，幼児期の教育と児童期の教育との連続性・一貫性を確保することが求められる」と述べている。新しい生活への戸惑いや不安もあるなかで，小学校の先生や友だちに支えられ，1年生としての自覚や意識を高めていく。ここでは，幼稚園児と小学生との交流をとおして自分の育ちを実感する事例を紹介したい。

> **事例 8-5**「幼稚園児と1年生との交流」（小学校との併設園）
> 　少しの不安と大きな希望を胸に小学校へ入学した1年生。1〜2カ月経つと，それまで「楽しい」「簡単」「できるよ」を多く感じていた子も，少し頑

115

張って乗り越えなければならない壁にぶつかることも出てくる。幼稚園の頃の担任の顔を見に立ち寄る子が増えてくる。

　このような時期に，幼稚園児と1年生の交流を計画した。

　まず，子どものねらいは次のこととした。

①幼稚園児は，1年生に親しみを持ち，かかわることを喜ぶ。

②1年生は，慣れ親しんだ幼稚園に行くことで，心の緊張が緩和され自分らしさを発揮しながら安心感を得る。幼稚園のときに経験したことやできるようになったことを思い出し，1年生としての自覚や意欲につなげる。

　教師の視点は次のこととした。

①幼稚園教諭は，1年生の姿を見て幼稚園ではどのような経験を積み重ねる必要があるか，見通しを立てていく機会とする。

②小学校教諭は，幼稚園児が生活する姿をみることで，幼稚園への理解を深める機会とする。また，1年生の遊ぶ姿をみることで児童理解を深める。

　交流会では顔合わせの挨拶，幼稚園児と1年生がペアになっての手遊びのあと，好きな遊びを自由に楽しんだ。幼稚園の頃に経験した遊びと，かかわりが生まれそうな遊びでプログラムを意図的に構成した。「幼稚園のとき遊んだことある」「幼稚園のときは少ししか跳べなかったけど，今はたくさん跳べるよ」「またお家を作りたい」など，かかわり方や遊びの内容はさまざまであったが，1年生が生き生きと遊びに取り組む姿や，幼稚園児に折り紙の折り方を教えてあげる姿，幼稚園児が靴を履くのを待っていてくれる姿などが見られた。また，最後は「今日は楽しかったね」「また遊ぼうね」と一緒に遊んだ子の名前を呼びながら，姿が見えなくなるまで手を振っていた。

　交流後の1年生から「知っている手遊びだったので思い出して安心した」「幼稚園生と一緒に遊んで楽しかった」といった感想や，小学校教諭から「こんな風に遊んでいたんだなとわかりました」「○○さん，教室ではほとんどしゃべらないのに，幼稚園では生き生きと遊んでいて驚きました。この姿が見られてよかったです」との感想が寄せられた。

8章　指導計画の考え方

　年度の中旬頃には1年生にリードしてもらう交流や，終盤には1年生への就学に期待を持てるような交流を行うなど，年間の発達を見通した計画と実践が必要である。

　園生活のなかで遊びをとおして経験し，学び，蓄えてきたことを発揮することによって大きな自信となり，就学という段差を乗り越える力となる。すなわち，幼稚園教育の基本を大切にしながら生活を充実させることが小学校以降の教育の基盤となるのである。また，小学校への滑らかな接続ができるよう幼小の連携が重要である。

　事例8-5は幼小の交流であるが，機会を別にして公立幼稚園を結節点とした保育所の子どもたちとの交流会を行うことが望ましい。それは，子どもたちの成長は連続しており，途切れない援助が大切だからである。

■地域との連携

　地域や保護者の協力が得られたとき，園生活はますます安心で安全なものになる。また保育内容が充実し，子どもたちのより豊かな経験につながる場合がある。地域の人々に協力していただくために，園や学校はどう取り組み指導計画に位置づけるとよいか，考えてみたい。

事例8-6　「見守りありがとう」（小学校との併設園）

　「おはようございます」「忘れ物していない？」「玩具は，持って行かないでよ」毎朝，園舎の裏門に立って子どもたち1人ひとりを見守り，笑顔で声かけをしてくれる方がいる。時には，小学校まで足が進まない児童を励ましながら一緒に校舎に向かい，送り届けてくれる。子どもたちが安全に，気持ちよく一日をスタートさせるために，家庭から学校へとつないでくれる地域の心強いサポーターになってくれている。

　もともとは使われていた裏門ではあるが，見守る人がなく，安全上の問題から閉鎖されていた。そこで，ボランティアを名乗り出てくれたのがNさ

117

んである。毎朝，7時半から8時15分まで，1日も休むことなく見守りをした後出勤するのが日課になり，5〜6年になる。自分が育った地域の子どもたちのためにと尊い活動をしている。

そんなNさんであるが，「自分は強面だから，子どもたちが怖がるのか，挨拶をしてくれないときがある」と話していた。幼児期の子どもが，面識がない人に挨拶をすることは難しい。そこで，園児たちがNさんに親しみの気持ちを持って挨拶をしてくれるように，園に招いて紹介することにした。Nさんは普段から保育者に，「何か仕事があったら，言ってくださいね」と言葉をかけてくれていたので，お言葉に甘えて，鯉のぼり掲揚式で屋根に上がって取り付け作業をしてもらうことにした。屋根にいるNさんに向けて，子どもたちから「Nさんすごい」「Nさん，気を付けて」「ありがとう」という声が上がった。あわせて，毎日裏門に立ち，みんなを見守ってもらうありがたい存在であることを紹介した。保育者がNさんの活動をねぎらい，感謝の言葉をかけたことで，園児たちも信頼できる存在としてNさんを認めて自然に挨拶をするようになってきた。

Nさんが窓口になり地域の人たちともつながり始め，みんなで保育に取り組む雰囲気ができつつある。地域の人と園が心でつながり合い響きあうなかで，子どもたちが育つ。地域の方には，「自分の子どもが通っていたから」「地域をよくしたい」という純粋な思いで活動を行っている方もいる。園と地域が共に子どもたちを育んでいくために，園では難しいことを地域にゆだねることで教育活動が豊かになると共に，地域の方はやりがいを感じることができ，持続的な支え合いが実現できると考える。

5 接続期の長期的な指導計画

小1プロブレムへの対策として研究と実践が積み上げられ，幼小連携の原則として，それぞれの施設・学校の独自性，専門性を尊重

しながら，一貫した効果的な接続カリキュラムを作っていく重要性が唱えられている。

　沖縄県では，ほとんどの公立小学校に幼稚園が併設されている。それで保育所卒園後，幼稚園を経て小学校へ就学する幼児が多数いる。子ども子育て関連三法の制定に伴い，読谷村（よみたんそん）は「平成26年度学びの基礎力育成支援事業計画」を策定し，子どもの連続的な発達を基調に学びの基礎を「コミュニケーション能力」に絞り，「生きる力の基礎を培う乳幼児期から小学校への接続」として，アプローチカリキュラムとスタートカリキュラムである「ウェルカムカリキュラム」を作成し活用している（図8-7）。

図8-7　接続期のプログラム（ウェルカムプログラム）

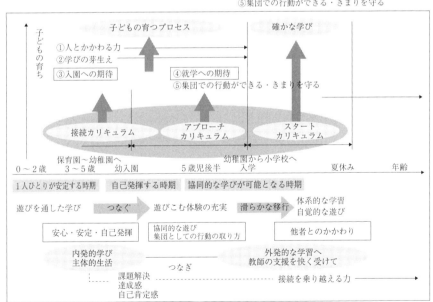

0歳から6歳の発達を連続的にとらえられるように，乳児期から幼児期の見通しをもったカリキュラムを「アプローチカリキュラム」としている。生活全般で押さえているのである。さらに，保育所と幼稚園の発達の課題を学びの基盤となるコミュニケーションの育ちに視点をあて，0歳から6歳の見通しをもったカリキュラムを作成している。作成の視点としては，次の4つをあげている。

①乳幼児は言葉で人やモノとかかわり，言葉で思考し言葉で行動を調整する。発達や生活に根差した言葉の育ちに視点をあてる。つまり「聞く，話すのコミュニケーションの育ち，思考する力」を学びの基礎力としてとらえることである。
②乳幼児期は心身ともに成長が著しく，人格形成の基礎を培う時期であり，とりわけ「言葉の発達」は獲得から定着へと向かう時期である。音声による言葉の生活から文字の言葉へと大きな変容を遂げる重要な時期であることを念頭に作成する。
③言葉の発達は安定した生活のなかで育まれる。生活全体で人とのかかわりや基本的な生活，遊びの充実（豊かな体験）も視野に入れカリキュラムを作成する。
④3歳から4歳は，学びの基礎や幼稚園への接続を意識した保育所の生活（教育）ととらえる。5歳から6歳は，小学校就学を意識した幼児期の締めくくりとして作成する。

　接続期の指導計画は，0歳児からスタートすることが大切であると考えられている。園や学校，地域の特色などを考慮し，組織的・計画的に立てる必要がある。育とうとしている子どもたちの発達を保育者・教師が相互に理解し，子どもたちのための計画として作成しなければならない。作成後は常に振り返り，改善を繰り返していく「カリキュラム・マネジメント」が重要である。

8章　指導計画の考え方

6 まとめ

　本章では指導計画について考えてきたが，適切なカリキュラム・マネジメントとして，子どもの姿に沿って計画・実施された保育は，園にかかわっているさまざまな人によって点検・評価され，改善を図るように努めていきたいものである。食べてくれる子どものことを大事に思いながら，誰がどんな食材を使って，どんな調理をするかを工夫し，栄養バランスの取れたおいしい料理を作る。それを食した子どもたちを見ながら，調理人全員で振り返り，次のレシピを決めていく。さらに，味わう子どもたち自身もまた，材料の調達，調理，盛り付けにかかわり，料理全体を創り上げているのである。

参考文献
秋田喜代美・第一日野グループ編著『保幼小連携——育ちあうコミュニティづくりの挑戦』ぎょうせい，2013
文部科学省『幼稚園教育要領』フレーベル館，2017

9章 保育・教育課程の編成と展開

1 保育・教育課程における家庭との連携

保育課程および教育課程における家庭との連携は，どのようなことを指すのであろうか。保育所保育指針に記されている「保育の計画及び評価」は，「子どもや家庭の状況，地域の実態，保育時間などを考慮し，子どもの育ちに関する長期的見通しを持って適切に作成されなければならない」[1] ものである。また幼稚園教育要領における教育課程は，「各幼稚園の教育目標を明確にするとともに，教育課程の編成についての基本的な方針が家庭や地域とも共有されるよう努めるもの」[2] である。幼保連携型認定こども園教育・保育要領では，「園児の心身の発達と幼保連携型こども園，家庭及び地域の実態に即応した適切な教育及び保育の内容並びに子育ての支援等に関する全体的な計画を作成するもの」[3] とされている。いずれも保護者との信頼関係を基盤として，互いに連携し合いながら子どもの成長に携わっていくことが保育・教育課程や計画には必要であると記されている。では，求められる相互の連携とはどのようなことをいうのか。

■保育所保育指針における家庭との連携

保育所保育指針では，子育て支援に関する基本的事項として，次の項目をあげている[4]。

---

[1] 保育所保育指針第1章3「保育の計画及び評価」(1)「全体的な計画の作成」イ。

[2] 幼稚園教育要領第1章「総則」第2「教育課程の役割と編成等」2「各幼稚園の教育目標と教育課程の編成」。

[3] 幼保連携型認定こども園教育・保育要領第1章「総則」第2「教育及び保育の内容並びに子育ての支援等に関する全体的な計画等」1(1)。

[4] 保育所保育指針第4章「子育て支援」1「保育所における子育て支援に関する基本的事項」。

9章　保育・教育課程の編成と展開

---

(1) 保育所の特性を生かした子育て支援

ア　保護者に対する子育て支援を行う際には，各地域や家庭の実態等を踏まえるとともに，保護者の気持ちを受け止め，相互の信頼関係を基本に，保護者の自己決定を尊重すること。

イ　保育および子育てに関する知識や技術など，保育士等の専門性や，子どもがつねに存在する環境など，保育所の特性を生かし，保護者が子どもの成長に気づき子育ての喜びを感じられるように努めること。

(2) 子育て支援に関して留意すべき事項

ア　保護者に対する子育て支援における地域の関係機関等との連携および協働を図り，保育所全体の体制構築に努めること。

イ　子どもの利益に反しない限りにおいて，保護者や子どものプライバシーを保護し，知り得た事柄の秘密を保持すること。

　この項目には，①保育者は，保護者と子ども，地域との関係性を把握しながら，子育てを支える大きな力になることを念頭において働きかけること，②ソーシャルワークの原理，知識，技術などの理解を深めて，保護者の受容，自己決定の尊重，個人情報の取り扱いに留意すること，③保護者や子どものプライバシーの保護に努め，知り得た事柄の秘密保持に関して絶対に漏らすことがないよう細心の注意を払うこと，などが明記されている。

■幼保連携型認定こども園教育・保育要領における家庭との連携

　幼保連携型認定こども園教育・保育要領では，子育ての支援に関わる事項として，次の項目が記されている➡5。

➡5　幼保連携型認定こども園教育・保育要領第4章「子育ての支援」第1。

　1.保護者に対する子育ての支援を行う際には，各地域や家庭の実態等を踏まえるとともに，保護者の気持ちを受け止め，相互の信頼関係を基本に，保護者の自

123

己決定を尊重すること。
2. 教育および保育ならびに子育ての支援に関する知識や技術など，保育教諭等の専門性や，園児がつねに存在する環境など，幼保連携型認定こども園の特性をいかし，保護者が子どもの成長に気づき子育ての喜びを感じられるように努めること。
3. 保護者に対する子育ての支援における地域の関係機関等との連携および協働をはかり，園全体の体制構築に努めること。
4. 子どもの利益に反しない限りにおいて，保護者や子どものプライバシーを保護し，知り得た事柄の秘密を保持すること。

■幼稚園教育要領における家庭との連携

　幼稚園教育要領では，家庭や地域社会との連携が必要であるとして，「幼児の生活は，家庭を基盤として地域社会を通じて次第に広がりを持つものであることに留意し，家庭との連携を十分に図るなど，幼稚園における生活が家庭や地域社会との連続性を保ちつつ展開されるようにするものとする」◖6 とされている。幼児の生活は，家庭や地域社会と幼稚園によって連続的に営まれていることから，保育者は，子どもの育ちが幼稚園だけでなされるのではなく，家庭や地域などを含めた生活全体のなかで育まれているという認識に立って，適切な環境を構成することが重要である。また，家庭との連携の具体的な方法として，「家庭との連携に当たっては，保護者との情報交換の機会を設けたり，保護者と幼児との活動の機会を設けたりなどすることを通じて，保護者の幼児期の教育に関する理解が深まるよう配慮すること」などがあげられている。

◖6　幼稚園教育要領第1章「総則」。

■子育ての協働者としての保育者

　以上の指針や要領には，保育者が保護者の行動や言葉の意味をしっかりと理解して受け止める受容的態度が求められることが述べられている。ここでは受け入れること（許容）と区別して理解され

124

る必要があり，受容した保護者の思いや行動に対して，無条件に肯定したり受け流したりすることなく，適切に応答することが重要である。また，保護者の自己決定の尊重は，意思決定までのプロセスに保育者が参加し，ともに子育ての最善の方法と結果を導き出すことが求められる。保育者は保護者が導き出した決定を尊重し優先することによって，実際の養育力が身に付いていくことを認識し，主体が保護者であることをふまえておくことが大切である。また同時に，保護者が意思決定するまでのプロセスにおいて，気持ちの揺れや迷いを受け止め，寄り添いながら課題の解決に取り組む必要がある。個人情報の取り扱いについては，全国保育士会倫理綱領 ◀ 7 にも明記されている。とくにプライバシーの保護に関しては，児童福祉法（2010）において「保育士は，正当な理由がなく，その業務に関して知り得た人の秘密を漏らしてはならない。保育士でなくなった後においても，同様とする」（第18条の22）とされ，保育者は，保護者の代弁者として情報やプライバシーの取り扱いに十分配慮し，利益につなげることが信頼関係の根本になることを，常に留意しなければならない。この他にも，専門職の責務として，自己研鑽によって保育者1人ひとりが目標を持ち，さらに共通の目標の達成を目指したり，研修のための環境を整備したりすることによって，保育に対する意欲や喜びをもって取り組むことが求められている。

　子どもの生活が充実したものとなるよう，保育者は保護者とともに，日々の子どもの様子や成長の喜びを実感することで互いを理解し，そのような機会を日々積み重ねることにより信頼関係の構築につなげていくように心がけることが必要である。さらに，保育者は子どもの気持ちや心の成長を代弁して，保護者が子どもが子どもについての理解を深め，その育ちを大切にできるかかわりを持たせることが，子どもの望ましい発達を促すための生活を実現させることにつながることを認識しなければならない。保育者は，さまざまな機会をとおして，保護者に対して子どもの発達の道筋や子どもとの

◀ 7　全国保育士会，全国保育協議会により，保育士の職務遂行に関する倫理綱領が2003年2月に採択された。前文と8カ条から編成されている。

かかわり方，さらに幼児教育への理解が深まるように働きかけることが求められている。これは子育ての主体である保護者への子育ての支援をとおして，幼児教育に対する理解を深めることを目的としているからである。

　子どもの心身の健全な成長には，保育者と保護者双方が子育てに向き合い，連携することが必要である。そのためには互いに子育てという共通の目的に向かうために信頼し合うことが欠かせない。子どもの成長・発達の理解や，親子の気持ちを受容する姿勢，自己決定の尊重，プライバシー保護に努めるなど，専門性を発揮することによって，保育者は保護者から信頼され，子育ての協働者として認められる存在になることが重要である。

② 地域や家庭の実態に相応した保育・教育課程

　保育所や幼稚園，幼保連携型認定こども園が，地域に住んでいる家庭の実態に相応した支援を行う理由は何だろうか。1つは保育者や幼稚園，幼保連携型認定こども園が比較的地域の身近な場所にあるということ，もう1つは子どもや家族，子育てに関係する知識や経験，技術を豊富に持っているということがあげられる。保育所保育指針および幼保連携型認定こども園教育・保育要領，幼稚園教育要領には，表9-1のように示されている。

　保育所保育指針，幼保連携型認定こども園教育・保育要領，幼稚園教育要領には，それぞれに支援理由が明記されている。このような理由から，保育所や幼保連携型認定こども園，幼稚園は保育・教育課程の目的の1つとして，蓄積している保育技術や知識，体験をもとに子どもを育てている家族や地域に対して積極的に施設を開放し，子育てのためのセンター的な役割を担うことを期待されているのである。

9章　保育・教育課程の編成と展開

表9-1　各教育要領・指針の内容

保育所保育指針	幼保連携型認定こども園 教育・保育要領	幼稚園教育要領
市町村の支援を得て，地域の関係機関等との積極的な連携および協働を図るとともに，子育て支援に関する地域の人材と積極的に連携を図るよう努めること。地域の要保護児童への対応など，地域の子どもをめぐる諸課題に対し，要保護児童対策地域協議会など関係機関等と連携および協力して取り組むよう努めること。	市町村の支援を得て，地域の関係機関等との積極的な連携および協働を図るとともに，子育ての支援に関する地域の人材の積極的な活用を図るよう努めること。また，地域の要保護児童への対応など，地域の子どもをめぐる諸課題に対し，要保護児童対策地域協議会など関係機関等と連携および協力して取り組むよう努めること。	子育ての支援のために保護者や地域の人々に機能や施設を開放して，園内体制の整備や関係機関との連携および協力に配慮しつつ，幼児期の教育に関する相談に応じたり，情報を提供したり，幼児と保護者との登園を受け入れたり，保護者同士の交流の機会を提供したりするなど，幼稚園と家庭が一体となって幼児と関わる取り組みを進め，地域における幼児期の教育のセンターとしての役割を果たすよう努めるものとする。

▨地域や家庭を対象とした支援

　保育所や幼稚園，幼保連携型認定こども園において，日々の保育の対象は利用している家族および子どもである。しかし，地域や家庭における支援対象は，施設を利用していない在宅家庭も含めた家族であることを忘れてはならない。また，子どもが対象であるだけではなく，当然保護者や地域の人々，つまり大人も対象となる。地域や家族を対象にした支援を実践するためには，子どもに対する保育技術や知識のほかに，大人に対するソーシャルワークの技術と知識が必要となる。

　保育者の専門として，子どもの発達段階および児童心理の理解，生活環境の整備，言語の発達にともなう指導，人間関係構築のための援助，遊び体験の提供と自立的な活動への援助などをあげることができる。このような保育技術を，そのまま保護者や地域の人々に用いるわけではなく，保育者の視点を大切にしながら，家族や地域の人たちとともに，子どもへのまなざしを共有することが必要である。そのためには，家族や地域の人たちが持っているふだんから見

知った子どもへの愛情や，地域の文化，風習，行事の継承といった
能力や技術を，子育てに必要なものとして引き出していくことが大
切である。保育所や幼保連携型認定こども園，幼稚園が日々の保育
実践で行っている行事や活動は，地域で育ってきた人々が実際に体
験してきたことでもあり，乳幼児期の子どもを育てている家庭以外
であってもかかわりを持つことは十分可能である。幼稚園教育要領
解説（2008）では，「幼児の生活は，家庭，地域社会，そして幼稚
園と連続的に営まれている。幼児の家庭や地域社会での生活経験が
幼稚園において教師や他の幼児と生活するなかで，さらに豊かなも
のとなり，幼稚園生活で培われたものが家庭や地域社会での生活に
生かされるという循環の中で幼児の望ましい発達が図られていく」
と記されている。子どもは保育所や幼保連携型認定こども園，幼稚
園での一員であるとともに，地域の一員でもある。保育者は対象と
なる人を支援するという立場だけでなく，ともに子どもを育てる協
働者という立場で地域の人たちをとらえることが重要である。

■保育所や幼保連携型認定こども園，幼稚園の在宅子育て家庭への支援内容

　在宅で子育てをしている家庭に対して，保育所や幼保連携型認定
こども園，幼稚園はどのような支援を行っているのか。

　保育所では地域における子育て支援として，①子育て家庭への保
育所機能の開放（施設及び設備の開放，体験保育等），②子育て等
に関する相談や援助の実施，③子育て家庭の交流の場の提供及び交
流の促進，④地域の子育て支援に関する情報の提供，⑤一時保育が，
保育に支障がない限りにおいて積極的に行われている。

　そのほか，地域の関係機関や団体との積極的な連携，協力を図る
ことや，地域の人材を活用することを求めている。保育所は地域の
特性や，それぞれの保育所において積み重ね蓄えられてきたさまざ
まな知識と技術などを積極的に生かして，支援を特色あるものとし

ていくことが大切である。

　幼保連携型認定こども園では，保育所保育指針や幼稚園教育要領との整合性を図りながら，認定こども園がもっている地域性や専門性などを十分に考慮して，地域において必要と認められるものを適切に実施することとしている。また，地域の子どもに対して一時預かり事業などの活動を行う際には，1人ひとりの子どもの心身の状態などを考慮しながら教育および保育との関連に配慮して柔軟に活動を展開できるようにすることが記されている。

　幼稚園では，地域における幼児期の教育のセンターとしての役割を果たすように努めることが必要であると，幼稚園教育要領に記されている。その具体的方法は，①園内体制の整備や関係機関との連携および協力，②幼児期の教育に関する相談に応じる，③情報の提供，④幼児と保護者との登園を受け入れ（園庭開放など），⑤保護者同士の交流の機会を提供することなどである。

　これらの子育ての支援活動は幼稚園の実態に応じて，教育課程に基づく活動に支障がない範囲において行うこととされている。そして，解説書では支援活動の実施にあたり，他の幼稚園，小学校，保育所，児童相談所などの教育・児童福祉機関のほかに，NPO法人，地域のボランティア団体などとの連携・協力が大切であるとされている。たとえば，幼稚園の園内開放には，乳幼児を育てている家族が利用する場合が予想される。実際の相談場面として，乳児期を含む子どもの発達の相談を受けることも考えておく必要がある。また，子どもへの不適切なかかわりが疑われる保護者に迅速かつ適当な対応が図れるよう，関係機関との連携や協力を図っていくための体制を整備することも重要となる。

　地域子育て支援拠点事業は，以前は地域子育て支援拠点事業（平成28年度現在，一般型と連携型を合わせて7063カ所）⬅8 の設置が保育所内に限定されていたため，併設されているところが多い。そのため異年齢児に接する機会があり，親にとっても子どもの成

⬅8　地域の子育て支援機能の充実を図り，子育ての不安感などを緩和し，子どもの健やかな育ちを促進することを目的とした支援事業。2007年に創設された。一般型（おもに保育所や認定こども園や公共施設）と連携型（おもに児童館）の2つの類型があり，実施主体も，市町村やNPO，社会福祉法人などさまざまである。

長・発達を見るよい機会になっている。社会資源としての地域子育て支援拠点事業は，地域と家族をつなぐものとしての役割を期待されている。保育所や幼保連携型認定こども園，幼稚園にとって，子どもの望ましい成長・発達を目指して地域と連携し，子どもや家庭を見守っていく体制づくりやネットワークの構築を図っていくという認識は一致しているといえるだろう。在宅子育て家庭支援の対象者は，地域で過ごしている乳幼児と家族，住民，団体などにわたる。豊富な知識や技術を持つ保育所や幼保連携型認定こども園，幼稚園，地域子育て支援拠点事業の積極的な取り組みは，より有効な支援展開が可能となるよう，努力する必要がある。

10章 指導計画の作成と展開

1 指導計画の必要性

■指導計画とは何か

　「教育課程」や「保育課程」は，入園してから修了するまでの園生活を見通した全体計画である。指導計画とは，教育課程，保育課程をもとに年度ごとにクラス担任が作成するものであり，内容については園長や所長の承認を得ておく必要がある。子どもとかかわり日々保育をしている保育者にとっては，この教育課程や保育課程のような全体計画だけで保育をしていくのは大変困難である。全体計画を実施するには，子どもの生活する姿を考慮して，それぞれの発達の時期にふさわしい生活が展開されるように，具体的なねらいや内容，環境構成，保育者の援助などといった指導の内容や方法を明らかにする必要がある。

　乳児保育の場合，柔軟な姿勢での支えや援助を必要としているため，計画を立てても実際にはそのとおりにいかないことが多い。それだけ目の前にいる子どもの姿を即座に理解し，その子どもに合わせた保育をすることは難しいということでもある。だからといって計画を作成しないのではなく，計画を作成することにより，その日の保育に見通しをもつことができ，また，他の保育者と同じ方向性をもった保育ができる。計画を立てて実践し，反省・評価を行うことで保育の質も高まっていく。そう考えれば乳児であれ，幼児であれ指導計画を立てることは必須である。

指導計画の立案は，まず，子どもの姿をよく観察し，今，何に興味や関心をもっているのか，子どもにとって必要な経験とは何かを考える。立案した指導計画にこだわり，子どもに押し付けるのではない。また，子どもの動きが優先するのだから指導案が必要ないというわけでもない。計画があるから，子どもの活動が予測できるのである。偶発的な出来事にも冷静に対応することができるのである。

■発達と指導計画

幼児期の発達は，子どもが生活や遊びのなかで，自発的に環境とかかわることによって促される。指導計画の作成は，子ども1人ひとりの発達の理解に始まり，それに即していくものである。子どもの発達の理解は，生活する姿をとらえ，生活のなかで子どもが何に興味・関心をもっているのか，遊びの傾向はどうかなどを丁寧に見ていくことで，発達する姿をとらえることができる。

指導計画の作成において，発達の過程を理解する必要がある。学級や学年の子どもたちがどのような時期にどのような道筋で育っていくのか，見通しを持つことが求められる。また，子ども1人ひとりの発達の実情に応じて必要な体験を積み重ね，幼児期にふさわしい生活を展開することも求められる。子どもの実際の活動は保育者の予想を超えて展開するものである。子どもの発想や偶然性を生かし，指導計画に基づきながらも，臨機応変に対応することも必要である。

■環境構成と指導計画

子どもを取り巻く状況のすべてが保育の環境となる。子どもの成長・発達を促すためには，教育的価値のある環境を事前に準備をしておく必要がある。保育者の教育的配慮の下で，遊具や用具，教材・素材などの物的環境，動植物や季節折々の自然事象などの自然環境，社会事象や公共施設などの社会環境，子どもや保育者・園の

10章　指導計画の作成と展開

職員・地域の人などの人的環境，時間や空間，雰囲気などにも配慮がなされなければならない。これらの環境を適切に構成・再構成して，子どもが自ら環境にかかわり，遊びたくなるような状況を作ることが大切である。環境を構成するためには，そのさまざまな要素や特性を十分に理解し，検討すべきである。環境が子どもの発達にどう影響し，いかなる意味をもつのかを考えなければならない。環境構成をめぐっては，園生活の流れや状況変化を予測して，計画を立てるべきである。

2 指導計画作成のポイント

■個と集団を大切にする計画

　保育者は子ども1人ひとりを大切にしようとする。そのまなざしは「気になる子ども」「個々の子ども」に向けられる。しかし保育実践においては，「みんな」とともに生活している「私」と「私たち」の両面を育てていく必要がある。

　子どもが自分で「したい遊び」を見つけて自由に遊ぶのはそんなにたやすいことではない。周りの子どもの動きや雰囲気で動かされたり，衝動的に動くことがあったりするが，それが本当にその子どもの「したい遊び」かというと，必ずしもそうでもないことがある。保育者は集団にばかり目を向けるのではなく，個々の子どもが自分で遊びを見つけ，自己発揮しているかどうかを見極めなければならない。そして子ども1人ひとりの姿をとらえ，子どもの生活に沿った指導計画を作成することが求められる。1人ひとりの遊びが充実してくると，周りの子どもとのかかわりも生まれてくる。ひとつの遊びに取り組み，イメージを膨らませたり，役割を交替したり，ルールを決めたりして遊ぶようになる。仲間と遊ぶ集団遊びへと発展していく前提として，1人ひとりの子どもが遊びに集中し，遊び

込む経験が大切となる。個の育ちが集団を育て，集団の育ちが個を育てるのである。

■指導案の作成

a. 子どもの姿をとらえる

　指導計画は子どもの発達を促す営みであり，子どもの生活する姿を的確にとらえることが指導計画作成の出発点となる。子どもの遊びや生活の様子，発達や興味・関心，人とのかかわりなど，日々記録することで実態をとらえることができる。また記録することで保育の過程を思い返し，保育中には気づかなかった子どもの行動の意味を考え直したり，省察したりすることで，保育への意欲が高まるのである。

b. 具体的なねらいと内容（子どもが主語）

　指導計画を作成するには，各領域に示された「ねらい」及び「内容」を視野に入れて，その時期の子どもの発達の実情を把握し，育ってほしい姿として具体的なねらいを設定する。そのために子どもはどのような経験を積み重ね，何を身に付けることが必要かをとらえた具体的な内容を示す。

c. 環境構成（保育者が主語）

　「ねらい」をできるだけ実現させるための環境構成を行う。園内外の自然環境や社会事象，行事，地域の環境や文化を積極的に取り入れる。日々の生活のなかで子どもの動線を考え，安全面に十分に配慮するだけでなく，衛生面，温度，湿度，換気，採光，音などにも配慮する。

d. 予想される子どもの姿・活動（子どもが主語）

　「子どもの姿」は，指導計画を立案する前日までの姿である。子どもの生活は連続性をもっているので，「子どもの姿」と連続した姿を「予想される子どもの姿」として記す。

e. 保育者の援助・留意点（保育者が主語）

10章　指導計画の作成と展開

　保育者は子どもの興味・関心を理解し，その活動が望ましい方向に展開するように援助をする。子どもは環境とかかわりながら遊びを生み出していくが，ときには友だちとの意見の食い違いで挫折や葛藤を経験し，遊びが中断してしまうこともある。そのような場合，なぜ中断したのかを理解し，保育者が必要な援助を行うことが重要である。

　保育者は発想を豊かにして，教材や教材の利用方法を考え，活動の仕方や展開への援助を工夫することが大切である。

3　展開・保育の実際

■好きな遊び──自然発生した「温泉づくり」

　事例10-1は園生活にも慣れ，自分のしたい遊び，好きな遊びを見つけて砂場で夢中になっているうちに，自然発生的に起こった「温泉づくり」である。子どもたちは友だちと同じ目的をもって遊びを展開するようになり，協同する経験へと発展した。この遊びのなかで，子どもは自分の周りにいる同年齢の子どもの存在に気づき，意識するとともに，一緒に遊ぶ楽しさも経験した。好きな遊びに没頭するなかで，時間と場を共有している友だちの存在を意識していったのであろう。

事例 10-1　温泉作り（４歳児・６月）

　子どもたちが砂場で穴を掘ったり，道を作ったり，お椀を使って型抜きをして遊んでいた。いつの間にか「穴を掘る」「水をためる」という共通の目的が自然に生まれた。その後，掘った穴の中に水をためて，裸足になって水の感触を心地よさそうに楽しんでいた。バケツに水を入れ，こぼさないようにバランスを取りながら運んでいた。そのうちに，こぼさないで運

135

図 10-1　〈きもちいい〉

べる水の量にも気づいていった。ところが，水がなかなかたまらず，何度も何度も根気強く運ぶ姿が見られた。他の子どもはそばにある山から水を流す，水路を作ることに興味をもち，その結果，山からの水が下の穴にたまったのである。違う遊びをしていた子ども同士が偶然できた「温泉」に驚き，「温泉や」と歓声をあげながら遊びだした。そして水が高いところから低いところに流れることに気づいたのである。

　砂場遊びが発展する方法として，藤棚のある園では次のように環境の工夫ができる。上からホースをつたわせ，その先に数個の穴をあけたペットボトルをぶら下げ，ホースの先をそのペットボトルに入れて，水を流すと噴水のようになる。上から流れてくる水，立体的な環境に子どもたちの歓声が上がる。その水を浴びる子どもや水の勢いを調節する子ども，ホースの取り合いも起こるが，ダイナミックな遊びとなる。子どもの心が解放され，楽しさや喜びを共有する仲間の存在によって，いっそう楽しい遊びへと発展していく。子ども同士の人間関係も広がり，深まっていくのである。たまたま裸足になって泥んこ遊びが展開したのであれば，翌日からもそのような遊びが展開することを予測して計画を立てる。

　このような砂場での遊びの後，身体を清潔にするためにきれいに手足を洗って拭く，服を着替える場を用意しておかなければならない。暑い時期は水遊びが中心になると考えて，その後は着替え用の下着や服，脱いだ靴，靴下などの始末の仕方を指導し，自分のものと他児のものを区別させる。水遊びの一連の流れを予測して，計画を立てるのである。

■子どもの主体性と指導計画

　子どもの興味・関心に基づいた自発的な活動の計画だけでは経験や育ちに偏りが生じる危険性がある。保育者は子どもの調和的な発達に必要な遊びを計画する。保育所や幼稚園では，保育者が活動内容を選択し，保育の流れや形態を決めて作成した指導計画をもとに保育をすることがある。それは，子どもの発達の特性に即し，さまざまな活動が行われるようにするためである。

　指導計画は，子ども1人ひとりが楽しく，充実した園生活を送るために作成されるものである。保育者が意図的に立案した計画であっても，子ども主体であり，子どもが意欲をもって取り組めるように工夫されなければならない。

　運動遊びを例に考えてみよう。文部科学省が策定した幼児期運動指針には4つの問題点があげられている。現代の子どもは，（1）活発に体を動かすことが減っている，（2）体の操作が未熟な幼児が増えている，（3）自発的な運動の機会が減っている，（4）体を動かす機会が少なくなってきている，以上である。幼児期は運動機能が急速に発達し，多様な動きが身に付きやすい時期である。楽しく身体を動かす遊びは，生涯にわたって運動（スポーツ）を楽しむための基礎的な体力や運動能力を発達させるだけでなく，友だちとのかかわりを深めていく。ところが運動遊びが好きな子どももいれば，苦手な子どももいる。保育者が意図的に運動遊びを仕掛けて，全身を使う楽しさ，心地よさを体験するような計画が必要である。運動会が近づいてくると，運動遊びが中心になる園もある。行事がきっかけとなって運動遊びに興味を持つこともあるだろう。

　子どもたちは，4・5・6月の気候のよい時期に全身を使う運動遊びを十分に体験することで，体を動かす心地よさを味わい，心が弾んでくると自ら体を動かそうとする。自由な遊びから生まれた活動もあれば保育者が意図的に計画をした活動もある。この時期に運動

遊びを体験すると，秋に復活することが多い。保育者は遊びが復活することを願って計画を立てるのである。運動遊びをとおして，多様な動きを身に付けるだけでなく，友だちとリレーやドッジボール，サッカーなどのルールや決まりを作る面白さを見出だす子どももいるだろう。また同年代の子どもや異年齢の子どもとも遊ぶことで，自我を抑制し，コミュニケーションを図りながら協力して遊びを進めていくことも学んでいく。子ども同士の人間関係が深まっていくのである。自分の周りにいる友だちや大人と遊ぶことによりますます楽しくなってくる。運動会をとおして，競争意識や運動意欲が高まり，保育者による長期の計画と子どもの興味・関心，意欲がバランスよく絡み合うのである。

次に紹介するのは，走る楽しさと友だちと一緒に遊ぶ楽しさが体験できる「タイフーン」という運動遊びについての事例である。棒を持って走るという簡単なルールに基づいて展開していく。

事例 10-2　運動遊び「タイフーン」（4歳児・5月）

タイフーンは，1本の棒（紙管）を数人で持って走る競技である（図10-2）。初めは1人で棒を持って走る喜びを十分に体験し，次に2人組，3人組とルールを難しくしていく。すると人数調整で意見のぶつかり合いも出てくるが，棒を渡す相手の人数が足りないときはとっさに判断して，走り終わった子どもが再度走るという光景も見られるようになった。決められた人数で走るルールが理解でき，守ろうとする姿も見られた。1本の棒を持って走ることで隣の子どもの鼓動を感じたり，速さを合わせたりするだけでなく，コーンを回るときに大回りをしていたのが，何度もしているうちに内側の子どもが歩幅を調節し，外側の子どもが回りやすいように工夫をするようになった。次の走者は，棒が早くもらえるように両手を前に出し，すぐにつかめるように身

図 10-2　「いい勝負！」

10章　指導計画の作成と展開

構えていた。その姿から意欲が十分感じられた。また，いつの間にか掛け声
を掛け合い，一体感が生まれてきた。

■心を和ませる生き物との出会い

事例10-3　生き物とのかかわり──ヒヨコが生まれるかもしれない

　飼育しているニワトリが卵を産み，女児4人の様子に変化が見られるよう
になった。その卵にティッシュペーパーを掛けたり，家からままごと人形
の布団を持ってきて掛けたりしていた。登園後は，これまで戸外で遊んで
いたのが4人のうち1人が交替で室内に残るようになった。卵を温めていた
のだ。ヒヨコが生まれるかもしれないという期待が子どもたちにこのよう
な行動をとらせたようだ。

　環境のなかで忘れてはいけないのは生き物との出会いである。園
に生き物がいることは特別な意味がある。生き物は他の環境とは異
なり，動く，触ると温かいなど，命があって生きているのである。
子どもたちは，誕生や死と出会い，生命の営みの不思議さを学ぶこ
とになる。生き物だけでなく，植物の世話を通して，その変化に気
づいたり，疑問をもったりして，好奇心や探求心が掻き立てられる。
保育者自身がいたわりや慈しみの心をもって世話をすることで，子
どもたちのなかに生き物と共生し，命を尊ぶ心が育つのである。生
き物の世話は，当番を決めてすればできる。しかし，義務的に対応
するのではなく，子どもたちが動植物をいとおしいと思い，愛情を
もって自発的にかかわるようになってほしいと願う。

　生き物への愛情は，入園してから修了するまでの長期計画のなか
で育てられるものである。なかには生き物が苦手な子どももいるだ
ろう。直接触れることはなくても，保育者や友だちが生き物に愛情
と慈しみをもって接している姿を見れば，そのような気持ちが芽生

えてくることもある。また、生き物の死に直面して、ショックや悲しみを覚えることもあるだろう。子どもたちは死をどのように経験させるのか、それが心の育ちにどのようにつながっていくのか、保育者自身の生命観、死生観に基づく対応が問われることになる。

4 保育者の予想を超えた展開

指導計画は、子ども1人ひとりの興味・関心や行動を理解し、予想に基づいて計画を作成する。しかし、保育のなかでは保育者の予想を超えて展開することもある。幼児教育が目指しているものは、子どもが自ら周囲に働きかけ、その子どもなりに試行錯誤を繰り返していくことである。保育者の予想を超えた展開を否定せず、子どもの発想や偶然性を生かして臨機応変に、そして温かく見守ることが大切である。

■子どもの心をとらえる素材との出会い

次の事例10-4は、素材（段ボール箱）との出会いが、子どもの心を開き、創造力を掻き立て、保育者の予想を超える展開となったものである。

事例 10-4　素材（段ボール箱）との出会い

図10-3 〈なあに？〉

子どもが入れるような大きな段ボール箱を数個準備し、保育室に置いておく。戸外遊びを終えた子どもたち全員がその段ボール箱に入って遊び出した。保育者は段ボール箱を子どもがどのように使うかを見守る。箱のなかに入って家にしたり、キャタピラーにして交代で転がしたり、温泉に見立てて、そのなか

10章　指導計画の作成と展開

に入って子ども同士が話し込んでいる光景も見られた（図10-3, 図10-4）。細長い箱には横1列に並んで入ったり，2人で汽車に見立てて移動したり，そのうち，アイコがつぶれた箱に絵を描きだした。他の女児もマジックを使って絵を描きだした。

図10-4　〈行くよ！〉

室内で段ボール箱を使った遊びはしばらく続いた。その後段ボール箱を使った遊びをしなくなっていたが，ある日，戸外遊びをしていたハナコ，アキコ，ユミの仲良し3人が室内に入ってきて，「草を作る」と言って段ボール箱をつぶし，細長く折りたたんで三角柱を作り，色を塗りだした。なぜ，草を作ろうと思い，何に使おうとしたの

図10-5　〈草，何色？〉

かはわからない。戸外遊びをしているときに相談したのだろう。この草作りには他の子どもたちも参加していった。保育者は急いで絵の具を用意した。子どもたちは自然の草の色を使うのではなく，自分たちの好きな色を塗っているようであった。草を作るという共通の目的をもった子どももいれば，色を塗ることに喜びを感じている子どもや友だちと一緒に活動をすることを喜んでいる子どももいた（図10-5）。

　お風呂，汽車，家などに見立てる，移動できる，破壊し組み立て描くことができる。段ボール箱は多様に変化する環境なので，素材として最適であった。特に見立て遊び，ごっこ遊びをする4歳児にはよい素材であり，段ボール箱の狭さがかえって友だちとの距離を縮め，親しみを感じる空間を作ったようであった。

　「草作り」は，保育者にとっては予想外の展開であり，子どもの内面を読み取るよい機会となった。段ボール箱にどのようにかかわるかは子どもの自由であり，保育には自由感が必要である。

141

このように，素材によって子どもの遊びが発展することを予測して保育者は準備したのであるが，素材を出すタイミングが非常に大切である。入園当初の不安定な時期に出しても興味を示す子どもはほんのわずかで，継続した遊びには発展しなかったと思われる。子どもたちが園生活に慣れ，まわりの環境に興味を持ち始め，また人とのかかわりも生まれつつあるこの時期に，段ボール箱を環境の1つとして加えたことで，新しい物への興味や挑戦しようという気持ちが高まったのだろう。

　保育者は，計画した遊びをいつ，どのタイミングで実践するかを子どもの興味・関心，子どもの育ち，いま必要とする遊び，人間関係，雰囲気などから推察し，慎重に実行しなければならない。

　保育者が臨機応変に対応するには，子どもの内面の変化を的確に把握し，必要な援助を行い，環境を再構成することが必要である。事例 10-4 の段ボール箱での遊びは，子どもたちが意欲的に遊びを展開する姿を予測して計画したものである。段ボール箱の大きさや数，いつ環境として仕掛けるか，どのように配置するかなど，緻密に計画を立てたものである。予想外の展開になり，絵の具やシートの準備，保育時間の調整など，環境の再構成や計画の立て直しを余儀なくされたが，子どもたちの自由感を大切にしながら実践を展開していった。

■子どもの内面を読み取る

　事例 10-5 は，仲よく遊んでいた子どもたちに，突然起きた出来事である。それに戸惑い，何とか乗り越えようとする子どもの姿である。

事例 10-5　どうしたの？

好きな遊びのときにアヤ，リン，マキ，エミの4人が「猫が呉服屋に」

10章　指導計画の作成と展開

というわらべうたをしていた。突然，リンが急に下を向いて悲しそうな顔をしてしゃがみこんでしまった。他の3人は何が起こったのかわからない。リンにど

図10-6　猫が呉服屋に

図10-7　リンさん，どうしたの？

うしたのか尋ねても返事がない。アヤが困って保育者の方を見たが，保育者にもこのリンの心の動きが読めなかった。椅子に座ったリンの前に3人が体育座りをして囲み，「からすかずのこする？」とほかのわらべうたを提案した。違うわらべうたならリンの機嫌がなおるのではないかと考えたようだ。次に「遊戯室に行く？」と恐る恐る尋ねていた。それでも機嫌が直らず，3人はそろって年長組の部屋に行ってしまった。

　この出来事について学級活動，分かち合い（話し合い）の場で取り上げた。リンがどうして突然，遊びを中断したのか尋ねると，リンは自分が鬼をしていないのに，アヤが鬼を2回したことへの不満を強く主張した。自分の思いを言葉にできることはよいことであり，子どもの自己主張を支えるのは保育者の役割である。リンが鬼になりたかった気持ちがわかった。ではなぜ，鬼になるのかと子どもたちに問いかけると「逃げるのが遅いから」と答えた。リンが笑顔になった。鬼になることが悪いわけではない。リンは逃げるのが速いから鬼にならなかったということがわかり，笑顔になったのだ。次にアヤ，マキ，エミがなぜ，年長組に行ったのか尋ねると，エミが「リンちゃんが落ち込んでいるから，何かおもしろい物がないか探しにいった」「ままごとに使うロングスカートがほしいのではないかと思って3人で取りに行った」と，それぞれが自分の行動の意味を語った。3人は，リンの気持ちがわからず，自分たちなりにリ

143

ンの気持ちを推察したのであった。それはリンへの思いやりでもある。リンにはそんなふうに自分のことを思ってくれる友だちがいることを話すと，喜び，互いの気持ちが通じたことで3人の子どもたちも笑顔になった。見方によってはリンのわがままにとれるかもしれないが，リンにはリンの言い分がある。保育は幼児理解が基盤であり，互いの気持ちがわかり合えることでさらに深い絆が生まれると考える。リンがうなだれている理由を知るだけでなく，他の3人の気持ちがどのようなものであったか理解できたのである。学級全体の「分かち合い」で取り上げることにより，この4人だけの出来事に終わらせるのではなく，みんなで友だちの心の動きに関心がもてるようにしたのである。保育者が1つひとつ丁寧に子どもにかかわることで，子ども同士の人間関係が育っていくと考える。

　保育者はこのリンのうなだれた様子を見て，すぐには声をかけなかった。もし，保育者がすぐに介入していたら，リンの気持ちを理解しようとした3人の子どもはこのような行動をとらなかっただろう。保育者は，子どもが何とか解決するだろうと子どもの力を信じて，待つことも大切である。この事例のように予想外のことが起きたときこそ，子どもの内面を読み取るよい機会である。

■指導計画の改善に向けて

　指導計画は，綿密に作成されたものであっても，あくまでも予測である。子どもの活動は往々にして計画通りにはいかない。柔軟な対応が必要ではあるが，子ども任せにしてしまうのではなく，見守りつつ，望ましい方向に展開するように援助することが大切である。

　幼稚園や保育所，認定こども園には教科書がない。保育者の保育観に基づいて指導計画は立てられるのである。具体的に保育を構想し，実践していく力が保育者には求められる。指導計画はその保育者の豊かな体験が背景となって展開され，保育者の経験年数や保育技術，能力によって異なるともいえる。しかし，子どものための計

画であるということは，どの保育者にも共通している。原点は同じなのである。絶えず自分の保育を省察・評価することで指導計画はよりよいものへと改善されていくであろう。

指導の在り方を改善するためには，保育を公開して意見交換を行うことで，子ども理解や保育指導を多角的にとらえていくことが有効である。参加者からの意見を参考にすることで，保育の質が高まることが期待できる。公開保育に参加した保育者は，そこでの気づきや学びを通じて，自園の保育を見直すきっかけにもなるだろう。

参考文献
小林邦子・内山裕之・長瀬善雄・川渕博祥・田井敦子・和田真由美『生活』近大姫路大学教育学部通信課程，2014
佐藤哲也・田井敦子・畑中ルミ・赤木公子「遊びの協同性を促す実践的視座」宮城教育大学紀要，49，2014
田井敦子『教育実習事前・事後指導（幼稚園）』姫路大学教育学部通信課程，2017
文部科学省『指導計画の作成と保育の展開』フレーベル館，2013
文部科学省幼児期運動指針策定委員会『幼児期運動指針ガイドブック——毎日，楽しく体を動かすために』2015

中
11章 保育の省察および記録

1 保育実践の記録

　保育を振り返ることは，次の保育につながる重要なステップである。子どもたちの降園後，その日の様子や設定保育の実際，保育者である自分自身の援助や配慮など振り返りの項目は多岐にわたる。

　事実を文章表現することで，記憶が蘇り物事を冷静に見つめられる。以下に具体例を示す。

事例11-1【子どもの記録】

5月29日（月）

　今日，ハナコの様子がいつもと違った。声のトーンが高く，弾んだような言動が目立った。どうしてだろうと見ていると，「私，もうすぐお姉ちゃんになるの」と友だちに話していた。家族ごっこをするといつもお母さん役をやりたがるハナコが，今日はお姉さん役をやっていた。母親が懐妊したことがよほど嬉しかったのだろう。弟か妹ができることを想像し，リアルに演じていた。

事例11-2【保育者の記録】

7月26日（水）

　綿密な計画を立て，前日時間をかけて準備をしておいたにもかかわらず，子どもたちは制作にあまり興味を示さず，落ち着かなかった。設定保育に時間を要するので，朝の自由遊びの時間を早目に切り上げたのがよくなかったのだろうか？　早く登園した子どもが園庭に開いていた穴を見つ

146

11章　保育の省察および記録

け，近くの木々に目をやっていた。今まさしくセミの羽化が始まろうとして
いた。私は，「すごいね！」と言ったものの，設定保育を控えそちらの方に
気持ちが傾いていた。設定保育を強行したものの，子どもたちにとってはセ
ミの方が興味があったのだろう。予定を変更する判断をした方が結果として
はよかったのではないかと痛感した。

　これらの記録は，保育中に感じたことを振り返りながら，保育
者が自らの保育を客観的な視点でとらえている。
　実践を客観的に考察するための記録は保育の参考になる。子ど
もと保育者それぞれの今日の姿を振り返るためにも，なくてはな
らないものである。

2 園児 1 人ひとりに対する記録

■日々の記録を継続する

　何気ない日常にも，子どもの成長が見られる。1 日を振り返り，
気になったことや，特記事項，たとえば偏食のことや，友だちと
の関係，体調のこと，克服したことなど，いつもと違う何かが
あったときには，記録をとる習慣を身に付けよう。日々の記録が
成長の記録になる。
　保護者との連絡のために，個人のノートを用意している園もあ
る。家庭や園においての成長や課題となること，お迎え方法の変
更など，保護者から保育者へ，保育者から保護者へのコミュニ
ケーションのツールとしても役立つ連絡ノートを活用することが
できる。何気ない内容の積み重ねが，保護者にとっては育児日記
に，保育者にとっては成長記録になり得るものである。これらも
活用して，日々の記録を行いたい。

147

1人ひとりの子どもをよく観察していないと記録はとれない。日記のようであっても，記録する習慣をつけることで，書くことや文章表現方法も身に付いてくる。

子どもの状態や，心の変化，他者とのかかわりなどはエピソード🔲1からも読み取ることができる。何気ない子どものつぶやきや，日々の出来事などを記録しておくと，そのエピソードから1人ひとりの"今"がわかるようになる。

■記録を通して子どもの課題を明らかにする

書きためた記録を読み返していると，その子どもの成長した点もさることながら，課題も見えてくる。毎日の何気ない記録から，今後の目標を見出だすこともできる。全力で保育を行うと，肉体的に疲れ果て，記録することが億劫になることもある。しかし，1日1行でも個人記録をとるように心がけよう。1週間，1カ月もすると，その子どもの気になる点や，がんばって取り組んでいることや課題が見えてくる。その課題が鮮明になれば，改善方法もおのずと見えてくる。その課題を克服するために保育者としてどのようなかかわりができるかを考え，次回の保育につないでいくことで，適切な援助が可能になる。

■乳幼児期に習得したい基本的な事柄の確認

乳幼児期に習得しておきたい事柄に，基本的生活習慣があげられる。基本的生活習慣とは，日々の生活のなかで，食事，排泄，睡眠，衣服の着脱，清潔などが自立し習慣化することである。家庭内において，生活習慣が確立されているか，まだ途上であるならばどのようなプロセスを経て現在に至ったのかを確認する必要がある。そのうえで，保育施設において，今後の援助や指導方法を模索することが肝要である。年齢や家族構成によっても個人差があることを念頭におき確認したうえで，かかわっていくことが求められる。

🔲1　エピソードとは逸話のことである。あまり知られていない興味のある話のことをさす。保育中の子どもの様子ややりとりなどもこれにあたる。

148

11章　保育の省察および記録

既往歴や常備薬がある場合は特に注意が必要である。保護者に事前に確認しなくてはならない。アレルギーに関しても同様である。食物アレルギーによるアナフィラキシーショック⏩2には，細心の注意を払う必要がある。保育者の目が行き届かず子どもが自ら食べてしまったり，保育者による配膳の誤食は絶対にあってはならない。命にかかわる危険があることを，念頭に置いておかなければならない。正しい知識をもち，万が一のときには冷静に対処できるよう，保護者と連携をとり，不測の事態に備えるよう心がけたい。

■子ども同士のかかわりの様子を観察・記録する

毎日顔を合わせる関係になってくると，子ども同士の連帯感が生まれてくる。仲良く遊ぶ日もあれば，ケンカをする日もある。その様子から，今の子どもの状態を推察することができる。客観的に観察し，記録することで共通点や課題が見つかり，子ども同士のかかわりを促進させるヒントにもなる。そのヒントが見つかれば，保育者は子どもに対して援助がしやすく保育の参考にもなる。

仲良しの友だちができれば，毎日の通園が楽しくなってくる。友だちの存在は子どもにとって大きい。会話の内容や関係性なども記しておくと後の参考になる。子ども同士のかかわりを促進させるためにも，事実を記録しておくことが重要である。

■子どもの人権に配慮した記録を作成する

子どもの権利条約⏩3に掲げられているとおり，子どもにも基本的人権がある。その人権を尊重したうえで，記録を作成することも配慮の1つであろう。保育所保育指針「総則」においても，保育所の役割として次のように明記されている。

ア　保育所は，児童福祉法（昭和22年法律第164号）第39条の規定に基づき，保育を必要とする子どもの保育を行い，その健全な心身の発達を図ることを目的と

⏩2　アナフィラキシーショックとは，即時型のアレルギーである。免疫グロブリンE（IgE）が関与することで引き起こされる。症状は，じんましん，呼吸困難，腹痛，嘔吐，下痢，血圧低下を伴うショックなどがある。

⏩3　3）子どもの権利条約のわが国における正式名称は「児童の権利に関する条約」である。1990年に発効され，日本は1994年に批准した。

する児童福祉施設であり，入所する子どもの最善の利益を考慮し，その福祉を積極的に増進することに最もふさわしい生活の場でなければならない。

このことをふまえ，主観を交えず，客観的に記録を作成するようにしたい。

3 毎日の保育に対する保育者自身の省察

毎日の保育終了後，自分自身の保育に対する省察を行い，次回の保育に備えたい。省察を行うことによって，保育を客観的に見つめることができる。省察の観点について，具体的に考えてみよう。

■1人ひとりの園児に対する理解の確認

子ども1人ひとりの気持ちを理解するのは難しい。好きな遊びや仲の良い友だち，興味のあることなど，個々それぞれ違う。その子のことをどれだけ知っているであろうか？　母親ならば，わが子の好きな食べ物，苦手なもの，平熱やくせなどを理解して対応しているだろう。保育施設での母親である保育者も，同様に理解しなくてはならない。すべてを理解することは困難であるが，理解しようと努めることが重要である。

■指導の改善へ向けての礎としての記録

記録から改善点を見出すことができれば，今後どのような方向へ導いていけばよいかも見えてくる。こまめに記録することもさることながら，記録を丁寧に読み解く必要もあろう。

事例11-3【子どもの記録】
5月10日（月）

集団生活が初めてのアイコは，登園は嫌がらないものの，何もしようとしない。椅子に座ることすらせず，ただ立ったまま友だちの遊びを傍観している。保育者や友だちが声をかけても一向に興味を示さない。泣くこともしないが，声を発してコミュニケーションをとることもない。

6月2日（水）

新しい木のパズルを保育室に置いてみたところ，友だちはすぐに遊び始めた。しかし，アイコは気づいてはいるものの一瞥（いちべつ）しただけだった。音楽が聞こえると必ず音のする方を見ている。

6月11日（金）

園外散策に出かけたりしてみたが，変化は見られない。家庭での様子を聞いてみると，「幼稚園は楽しかった」との感想である。保護者とともに，アイコが遊びたいと思うことを模索してみるが，これといって見つからない。

6月22日（火）

アイコが好きな歌を知ることができた。一緒に歌おうと誘うのではなく，クラスの子どもたちと歌っていると，「そうじゃない。こう歌うのよ！」と初めて声が聞かれた。

これらの事例では，アイコの興味のあるものを探っているが，声を発したり動いたりすることがないので，表情や小さな動き，目線だけが頼りであった。保育者が保護者と密に連絡をとり，園での様子を伝えることで安心して送り出してくれている。情報交換をしながら，小さな可能性を探っていった事例である。

■遊びの促進

子どもは遊びのなかから，さまざまなことを学び体得していく。遊びが充実していると，子ども同士でどんどん展開していくが，そうでない場合は保育者の介入が必要になる。遊びを促進させるべく，保育者としてどのような言動が必要であろうか。また遊びを促進させるためには，どのようなかかわりがベターなのであろうか。保育

中は，ベストだと思うかかわりをしているつもりでも，1日を振り返り客観的に省察を行うと，他の方法が思い浮かんでくる。いく通りものかかわりや方法を考えることで，次の保育の参考となり，目指す保育の道標となる。

■子ども同士の絆の強化

子ども同士で遊んでいるうちに，小さくても友情が芽生え連帯感や絆が生まれてくる。子ども同士の絆を強めるために，保育者として仲立ちをしたり，子ども同士を結び付けるような援助が求められる。ケンカをしている子どもたちの様子を見守り，和解しやすい環境を作ったり，時として相手の本意を伝えたりすることで，誤解が解ける場合もある。子ども同士で解決できないときには，保育者の介入が必要になるが，適切な助言ができていたかどうかなどが保育者としての省察の観点となる。

■子どもの心の受容

子どもは，心が満たされると満足する。心が満たされる感覚とは，自分を受け止め認めてもらうことである。自分の話を聞いてもらえることを喜び，保育者が見守っていてくれていると感じることができれば安心して遊ぶことができる。母親のそれと同じである。保育者は，第二の母親である。信頼関係ができてくると，「先生に何でも話したい」という気持ちが出てくる。保育施設においての一番の理解者になりたいものである。子どもを理解し，その子どもを丸ごと受容したかどうか，心の変化に気づくことができたかどうかを問い直してみることも省察である。

■ねらいの達成・情緒的なかかわり

ねらいを達成できたかどうかも省察の重要な観点である。ねらいを立てるということは，どんな子どもに育てたいか，どのようなこ

11章　保育の省察および記録

とを身に付けてほしいかということを明確にし，具体的に掲げることである。その際，保育者にはねらいの全容が理解できていなければならない。ねらいが達成できたかどうかは，保育をしている間にも感じることがあるだろうが，保育終了後にゆっくり考えることが大切である。

　子どもたちに対して，情緒的なかかわりができたかどうかも省察のポイントである。情緒的というと難しく感じるかもしれないが，子どものつぶやきに耳を傾けたり，心を大切にしたりしながらかかわることである。そのようなかかわりができたかどうかを振り返ることで，子どもの内面を大切にした保育ができたかどうかが自分なりに見えてくる。

■クラス全員とのかかわり

　クラスには，さまざまな個性をもった子どもがいる。こちらから声をかけなくても，「先生，先生」と話しかけスキンシップを図ろうとしたり，一緒に遊ぼうと誘ってくれたり，家庭内での出来事もよく話してくれるような子どもは，自分を表現することができる。しかし，反対のタイプの子どもは自分から話しかけてくることはあまりない。保育者は，このような控えめな子どもにも目配りをし，会話の糸口をつかみきっかけを作るようにしたい。毎日クラス全員と話すことを心がけることにより，子ども理解も進むようになる。話をするときには，目線を合わせ，適度にうなずき真剣に興味をもって聞いているという意思表示をすることを忘れてはならない。どんな些細なことでも，先生は自分の話を聞いてくれるという認識が生まれると，子どもは何でも話したくなる。その子どもの未知の部分が開示されることもある。1人ひとりとかかわりながら，その子どもの体調や興味のあること，好きな遊び，友だちや親子関係に至るまで，より理解しようとする姿勢をもって保育に臨みたい。

153

■他の保育者との連携

　複数担任の場合や，同じ学年のクラスがある場合は，保育者間の連携が不可欠になってくる。打ち合わせはもちろんのこと，クラスによって保育のばらつきがないようにしなくてはならない。学年間で相談し，制作物や歌などの共通教材はどのクラスも平等に提供することが必須である。他のクラスも自分のクラスのように目配りをし，情報交換に努めたい。他のクラスに率先して協力することによって，おのずと自分のクラスにも還元されるものである。保育者の連携が円滑にいくと，その姿を見た子どもたちは，他のクラスの先生にも親近感を覚えるようになる。

■子どもの体調管理

　子どもたちが登園してきたら，表情や体温や動きからその子どもの健康状態がわかってくるようになる。保護者からの連絡を受ける場合もあるが，保育者として子どもたちの顔を見たら，その日の状態を見極められるようにしたい。1日を健康に無事に過ごすことが一番であるが，保育中に体調を崩したり，けがや事故につながったりする場合があることも視野に入れておかなければならない。最悪の場合を想定し，不測の事態にも対応できるように，平素から考えておく必要がある。そのような面においても省察は必要である。保育者は自分自身の健康管理はもちろんのこと，子どもたちの健康管理にも心を配りたい。

■園全体での協力・連携

　保育を行ううえで，他の保育者との連携は不可欠である。互いの保育観を話し合ったり，話題を共有したり，ねらいを確認することから始まり，互いに協力することは避けて通れない。まずは，同じ学年で連携をとり，他学年へと広げていく。連携すると，保育者同

11 章　保育の省察および記録

士の意思疎通はもとより，子どもの情報提供を受けたり，対応して
くれたりと大きなメリットがある。反対に，連携が難しい場合はよ
い保育は望めない。園全体で協力し合ってこそ，園が活性化し子ど
もたちへよりよい保育が提供できるのである。保育者として，広い
視野をもち自分のすべきことができていたかどうかも省察するよう
にしたい。

　ひとり担任であっても，他の職員の協力がなければ保育は成り立
たない。ティーム保育⬅4 の意識をもって，園全体で協力して保育
にあたるよう努めなければならない。そして，保育カンファレンス
⬅5 において，保育の状況や子どもたちの様子を共有し，情報交換
を行う習慣を付けたい。そのような姿勢が，保育者の資質向上にも
つながるのである。

⬅4　ティーム
保育とは，複数
の保育者が相互
連携をとりなが
ら，協力して保
育を行うことで
ある。

⬅5　p. 180 を
参照。

■保育環境

　保育環境を整えることは，保育者の務めである。人的・物的・空
間的環境をどのようにとらえて整えているかをいま一度整理し，そ
の重要性を十分理解したうえで保育環境を整えることを心がけたい。
　まず，人的環境である自分自身の服装・言葉遣い・表情・積極
性・協調性・立ち居振る舞いが子どもに良い影響を与えていただろ
うか，子どもに言葉だけで伝えるのではなく行動で示していただろ
うかなど振り返ってみることが重要である。保育室や廊下に落ち
ていたゴミを拾い，ゴミ箱に入れるだけで無言の教育になる。明る
い先生のクラスは，明るい雰囲気になる。物静かな先生のクラスは，
物静かな雰囲気を醸し出す。子どもと保育者は鏡の関係である。自
分自身が子どもに反映すると言っても過言ではない。常に子どもに
与える影響を考えて，言動をとることを心がけたいものである。

■子ども同士のトラブルの対処

　大人の感覚では，子ども同士のトラブルは，けがをさせた方が悪

155

いと判断しがちであるが，そのトラブルの背景には何があったのか，双方の話をじっくり聞く必要がある。たとえば，砂場でおもちゃの取り合いになり，ケントくんがシュンくんの持っていたスコップを取り上げた。怒ったシュンくんがケントくんの顔を引っ掻いてしまった。結果的には，ケントくんの顔に引っ掻き傷をつけてしまったシュンくんが悪いと判断されてしまう。しかし，ケントくんが無言でスコップを奪わなければそのトラブルは起こらなかった。双方には，何がどうだったかをわかりやすく話し，和解するよう促す。子どもそれぞれが納得した解決が求められる。

■子どもたちの満足感

降園の際，必ず子どもたちの表情を確認しよう。その日の保育が充実し楽しかったと感じているならば，目がキラキラと輝き微笑を浮かべその表情が生き生きとしている。興奮して話す子どもがいたり，翌日の保育に期待を寄せたりする子どもの姿も見られるだろう。もっと遊びたいと思う気持ちを残しながら帰宅する様子で，満足しているかどうかを判断したい。

■明日への期待

子どもにとっての1日は，良いこともそうでないことも含め貴重な体験を重ねた時間である。降園前には，その日にあったことをクラスで振り返り，楽しかったことを皆で共有する余裕をもつことが望ましい。翌日の遊びにつながるような話をして，子どもが期待をもって降園できるようにしたい。そのような保育の終わり方ができたかどうかも保育者自身の省察には必要な観点である。

4 省察をとおして育つ保育者

■子ども1人ひとりとのかかわり

　省察は，子どものことだけではない。クラスの子どもたちとどのようなかかわりができたか，1人ひとりとどのような話をして，一緒に遊んだかなど，保育者である自分自身の子どもへのかかわりを見つめ直す機会を作ろう。そうすることで子どもの姿をとおして，保育者としての自分自身が見えてくる。子どもの育ちが，自分の保育の充実度と比例する。

■保育者の使命の再確認

　保育は子どもの命を預かる仕事である。その命を大切に育むことが保育者の使命である。大切な命を守る保育ができたであろうか，子どもたちの心を大切にしながら保育を進めることができたのか，人格や人権を尊重して接することができたのかなど，いま一度すべての観点を振り返り，明日への保育に生かすためにも，保育者としての使命を再確認するためにも省察は欠くことができない。

■謙虚な気持ちでの振り返り

　1日の保育を終え振り返る際は，主観ではなく客観的な視点で省察することが翌日の保育の計画にも役立つ。謙虚な気持ちで，自分の保育を振り返ることが大切である。指導案通りにいかないこともあるが，まずは指導案に沿って振り返ると，ねらいが達成できたか，時間配分は予定通りであったか，準備物の不備はなかったなど，事前に計画していた内容が遂行されたかを冷静に振り返ることが大切である。

■日々の保育実践を見直す

　保育の立案・計画から準備，実践，事務作業，園内外整備と保育者の仕事は多岐にわたる。日々の保育と雑務をこなすことに追われてしまいがちであるが，保育実践を見直すことを忘れてはならない。
　一番大切なことは，子どもたちと向き合う保育である。自分の実践を客観的に見つめることによって，次回の保育につながっていくことを念頭に置いて，毎日の保育実践の評価・反省を行い，改善点を見直す習慣をつけていきたい。

■他の保育者からの意見

　自分自身の保育に対して，他の保育者からも意見をもらうようにしよう。自分では気づかないことを教えられる好機であり，こうすればもっとよいのではないかとアドバイスしてもらえることもある。自分の保育を見てもらえる機会があったら，感想や意見をもらうように心がけたい。

■客観的な意見の受容

　第三者の忌憚のない意見は，的を得ていることが多く，核心に迫る意見が含まれている場合もある。その意見を整理し，必要な部分はすぐに改善できるようにしたい。その改善点は子どもに還元されるということを素直に受け止め，ぜひ参考にしたいものである。保育をよりよくするための意見だと受け止め，実践に移す行動力をもちたいものである。客観的な意見をもらったら，真摯に受け止め保育の参考にする姿勢をもちたい。

■子どもの幸せのために

　すべての子どもは最善の利益を得る権利がある。すべての子どもを幸せにする保育であったであろうか，と自問自答することは保育

11章　保育の省察および記録

者として欠かせない日課である。そして，子どもたちが，それぞれに楽しさを見出し実感しているかどうかも省察の指標となる。そうした省察を繰り返すことは，1人ひとりを大切にするという当たり前のことを再確認する作業にもなるのである。

■保育の質を高めるための省察

自分自身の保育を振り返るということは，子どもの様子や保育者としての配慮などを思い返すことである。その行為こそが，保育の質を高める。研修を受けたり，興味のあることについて調べたり，日々のたゆまぬ努力がすべて，明日への保育につながり，子どもたちに還元されることを忘れてはならない。こうして省察を習慣化することをとおして，明日への保育へと臨む姿勢が整えられていくのである。

引用・参考文献

神長美津子『保育のレベルアップ講座』ひかりのくに，2003

鯨岡峻・鯨岡和子『保育のためのエピソード記述入門』ミネルヴァ書房，2007

鯨岡峻・鯨岡和子『エピソード記述で保育を描く』ミネルヴァ書房，2009

関章信編著『幼稚園・保育園の先生のための保育記録のとり方・生かし方』鈴木出版，2001

森上史朗・柏女霊峰編『保育用語辞典　第6版』ミネルヴァ書房，2010

12章 保育者および保育施設における自己評価

1 法令による評価の公表

　幼稚園においても保育所においても保育の「質」を評価してその向上に努めるとともに，保護者や地域社会に対して説明責任を果たしていくことが求められている。評価という言葉に対して優劣を決めるような印象を持つかもしれないが，実は適切な評価を行うことが保育には不可欠である。

　では，保育における評価とはどのようなものか。保育における評価とは，保育のなかで子どもがどのような育ちをしているのか，それに照らして保育者の計画や指導・援助が適切であるかどうか検討し，保育をよりよいものへと改善するための手がかりを求めるものである。

■学校評価について

　幼稚園の園評価は，2002年4月に「幼稚園設置基準」が施行され，各幼稚園が自己評価の実施とその評価結果の公表に努めることされ，保護者などに対して教育活動や運営状況についての情報提供を積極的に行うこととによって始められた。その後，2007年6月に改正された学校教育法[1]のなかで，「教育活動その他の学校運営の状況について評価を行い，その結果に基づき学校運営の改善を図るため必要な措置を講ずることにより，その水準の向上に努めなければならない」[2]こととともに，教育活動や運営の状況に関する情報を積極的に提供することが新たに規定された[3]。学校評価の目的

[1] 学校教育法第28条により小学校の規定を幼稚園に準用。

[2] 学校教育法第42条。

[3] 学校教育法第43条。

12 章　保育者および保育施設における自己評価

表 12-1　学校評価の方法 ➡ 4

自己評価	各学校の教職員が行う評価
学校関係者評価	保護者・地域住民等の学校関係者などにより構成された評価委員会などが，自己評価の結果について評価することを基本として行う評価
第三者評価	学校とその設置者が実施者となり，学校運営に関する外部の専門家を中心とした評価者により，自己評価や学校評価の実施状況をふまえつつ，教育活動その他の学校運営の状況について専門的視点から行う評価

は，①学校運営の組織的・継続的な改善を図ること，②保護者や地域に対して適切に説明責任を果たし，理解と協力を得ること，③学校に対する支援や条件整備等の改善措置を講じて質の向上を図ることの 3 つである。

　学校教育法の規定により幼稚園における自己評価が義務づけられ，自己評価の情報公開も求められている。さらに学校教育法改正に合わせ同年 10 月に改正された学校教育法施行規則においても，自己評価や学校関係者評価の実施とその公表，評価結果の設置者への報告に関する規定が設けられている ➡ 5。これによって，学校関係者評価を行い，園の自己評価をより客観的にとらえる方向が示された。

　これらを受け，文部科学省は 2008（平成 20）年には「幼稚園における学校評価ガイドライン」➡ 6 を作成し，各幼稚園が学校評価に取り組む際の目安となる事項を 12 の分野に分けて示している ➡ 7。

　なお，幼稚園における学校評価の形態は，自己評価と学校関係者評価，第三者評価の 3 つがあるが（表 12-1），学校評価の基本は保育者による自己評価である。また，文部科学省が示す自己評価は，基本的に運営の評価である。

■第三者評価について

　保育所における評価は第三者評価事業として制度化されている。

◀ 4　文部科学省「幼稚園における学校評価ガイドライン」〔平成 23 年改訂〕2011，p.3.

◀ 5　第 66・67・68 条参照。第 39 条により小学校の規定を幼稚園に準用。

◀ 6　「幼稚園における学校評価ガイドライン」は 2011 年に改訂されている。

◀ 7　「教育課程・指導，保健管理，安全管理，特別支援教育，組織運営，研修，教育目標・学校評価，情報提供，保護者・地域住民との連携，子育て支援，預かり保育，教育環境整備」の 12 分野であるが，例示であることに留意すること。

2000 年 12 月に改正された社会福祉法のなかで，次のように規定されている。

> 第 75 条　社会福祉事業の経営者は，福祉サービス（社会福祉事業において提供されるものに限る。以下この節及び次節において同じ。）を利用しようとする者が，適切かつ円滑にこれを利用することができるように，その経営する社会福祉事業に関し情報の提供を行うよう努めなければならない。
>
> 第 78 条　社会福祉事業の経営者は，自らその提供する福祉サービスの質の評価を行うことその他の措置を講ずることにより，常に福祉サービスを受ける者の立場に立って良質かつ適切な福祉サービスを提供するよう努めなければならない。
>
> 2　国は，社会福祉事業の経営者が行う福祉サービスの質の向上のための措置を援助するために，福祉サービスの質の公正かつ適切な評価の実施に資するための措置を講ずるよう努めなければならない。

▶8　第三者評価は外部評価とも呼ばれる。

▶9　「保育所は，当該保育所が主として利用される地域の住民に対してその行う保育に関し情報の提供」を行うことが規定されている。児童福祉法は2016（平成28）年に改正されているが，この内容に関する変更はなされていない。

▶10　保育所等での第三者評価の実施は事業主の判断に任されているが，社会的養護にかかわる施設（児童

この第 78 条を法的根拠として，第三者評価は 2002 年より実施されることとなった。児童福祉施設の 1 つである保育所は，「良質かつ適切なサービスを提供し，その質を向上させること」が求められている。そのための仕組みが第三者評価事業であり，保育所がより客観的な評価を得るための手立てである。学識経験者などの外部の人や園と利害関係ではない第三者の立場にある人に依頼して行うものであり，保育所の自己評価や保護者のアンケートなどを取り入れて実施されている▶8。第三者評価の意義は保育所の質の向上であり，評価によって明らかになった課題について改善していくことが重要である。また，第三者評価の公表が，利用したいと考える保護者に適切な選択につながる情報を提供することにもなっている。

先にあげた社会福祉法第 75 条や児童福祉法第 48 条の 3▶9 において，保育所の情報提供は努力義務として規定されている。厚生労働省の第三者評価はすべての福祉施設で行うことになっているが，保育所においては任意とされ義務づけはなされていない▶10。また，第三者評価の結果を公表することも義務ではないものの，できるだ

12章　保育者および保育施設における自己評価

け公表することとされている。

2017（平成29）年3月告示の保育所保育指針には，第1章「総則」の「1　保育所保育に関する基本原則」において，保育所の社会的責任として保護者や地域に対する保育内容の説明責任が示されている⏩11。さらに，総則の「3　保育の計画及び評価」では，保育士および保育所の自己評価について明示されており，保育所として保育内容等の自己評価を行い，その結果を公表するように求めている。

なお，第三者評価の評価基準については，施設がより主体的・継続的に質の向上に取り組めるよう見直しを図り，「『福祉サービス第三者評価事業に関する指針について』の全部改正について」（2014年4月1日付）⏩12が通知され，福祉サービス第三者評価事業に関する指針が改正された。それに伴い，2016年3月には「保育所における第三者評価の実施について」の通知がなされ，各ガイドライン⏩13も改訂されている⏩14。

2　自己評価の意義

自己評価には，保育者個人で行う自己評価と保育施設全体で行う自己評価の2つがある。保育者個人で行う自己評価は，保育者自身の実践と子どもの育ちを振り返ることによって，次の保育に向けて保育実践を改善していき，保育の質を高めていくことを目指している。1人ひとりの子どもが経験した内容やその経験をとおして子どもの何が育ったのかを的確にとらえると共に，指導計画や保育者の援助が適切であったかなど，保育の過程全体を振り返り，保育の充実を図っていく。保育には園全体で取り組むべき問題や課題も生じる。そのような場合には，個々の保育を職員間で振り返り，施設全体で取り組むことも重要である。

施設全体で行う自己評価では，子どもの成長・発達を支える保育の専門機関として施設全体の保育の質を高めることを目指す。その

養護施設，母子生活支援施設および乳児院）は3年ごとに1回以上の第三者評価の実施と，その結果の公表が義務づけられている。保育分野においては，「規制改革実施計画」（2014年6月24日閣議決定）で第三者評価受審率の数値目標を定めること，「『日本再興戦略』改訂2015」（2015年6月30日閣議決定）において2019年度末までにすべての保育事業者に第三者評価の受審が行われることを目指すこととされている。

◀11　保育所は，地域社会との交流や連携を図り，保護者や地域社会に，当該保育所が行う保育の内容を適切に説明するよう努めなければならない。

◀12　厚生労働省雇用均等・児童家庭局長／社会・援護局長／老健局長通知。

◀13　「第三者評価共通評価基準ガイドライン（保育所解説版）」，「第三者

163

評価共通評価基準ガイドラインにおける各評価項目の判断基準に関するガイドライン（保育所解説版）」，「第三者評価内容評価基準ガイドライン（保育所版）」，「第三者評価内容評価基準ガイドラインにおける各評価項目の判断基準に関するガイドライン（保育所版）」。

■14　ガイドラインからもわかるように，第三者評価の項目は全施設共通の項目と施設ごとの項目に大別されている。

ために，保育の内容と運営全体について評価を行う。保育所保育指針第1章「総則」3「保育の計画及び評価」(5) にも記されているように，「評価をふまえた改善」が重要である。

　園内研修や協議をとおして保育の記録や各自の自己評価を確認し，話し合うなかで，職員全体で改善の方向性や具体的な手だてを考えていく。話し合いのなかで，自分では気づかなかった子どもの変化や保育の観点，あるいは課題を多角的に見直すことができる。取り組みの結果だけではなく施設全体としてのよさや課題についての共通認識を深めながら，保育の質を高めていくことを目指し継続的な改善を行う。職員1人ひとりが専門性を高めるだけではなく，施設全体をよりよくしていくために協力し，課題意識を持って次の保育に生かしていくことが重要である。評価にあたっては地域の実情や施設の実態に即し，具体的な評価の観点を決めて取り組んでいくことが求められる。

　よりよい保育を目指していくために，評価を出し合える職員間の信頼関係を構築していきたい。専門性のある職員がそれぞれの立場で意見を出し合い，話し合いを深めて共通理解を図っていくことが相互の信頼関係を築くことにもつながっていくだろう。この信頼関係こそが，よりよい保育を目指す気持ちを支え，施設全体の質の向上の土台となって，保育者集団としての育ちももたらされていくだろう。

3 保育者の行う自己評価

■15　3章参照。なお保育の営みにおいては，P（計画）の前に保育者の「子ども理解」が土台にあることを忘れてはならない。

　保育は「計画，保育実践，省察，評価，改善，そして新たな計画」という循環を重ねながら展開されている。このPDCAサイクル■15の循環による保育の充実・改善を通じて，よりよい保育を目指していくことが大切である。

　改善のための評価は，子ども1人ひとりの育ちをとらえる視点と，

12章　保育者および保育施設における自己評価

保育者自身の保育をとらえる視点の2つによって考えていく。なお，保育者は日々子どもとかかわるなかで，子どもの様子を見ながら自然に振り返りと修正を行っている。ただし，この場合の省察は実践のなかで瞬時に判断し，行動していくという見直しであり，保育実践後に意識的に振り返って省察をすることとは少し性格が異なるといえよう。

　評価を行うときは，指導計画や記録をもとに課題を洗い出し，保育の展開を丁寧に振り返っていきたい🔲16。その際，保育を行った結果として何が育ったかということではなく，子どもが具体的に何を経験しているのか，その体験をとおして何が実現され，どのように育っているのかという観点を踏まえて考えていくことが必要になる。子どもがその活動の過程でどのようなことに関心を持ち，どのような活動に取り組もうとし，どのように取り組んでいるかを理解していく。その際，心の動きといった内面の育ちも含め，目には見えにくいものも丹念にとらえて理解することが不可欠である。

　子どもの育ちを振り返る基本的な観点としては，自分でしたいという思いを持って物事に取り組んでいるか，どのようなことに集中していたのか，他の子どもとどのようにかかわっていたのかなどである。

　保育者として自らの保育を振り返る視点としては，保育計画が個々の子どもの育ちの理解やクラスの子どもたちの興味や関心といった子どもの実態をとらえたものであったのか，設定したねらいや内容が子どもたちに適切であったのか，保育環境の設定は適切であったのか，活動をとおして子どもが学んだことは何であったのかとなどである。

　また，保育所においては，養護についての評価も丁寧に行っていく。健康と安全への配慮はもちろんのこと，子どもが安心して過ごせたのか，子どもは保育者である自分に愛されたと実感を持って過ごせたのか，温かなやり取りをしていたであろうかといった心のよ

🔲16　保育の省察のためにドキュメンテーションやエピソード記録，保育マップ型記録など，各施設や保育者によりさまざまに活用されている。

165

りどころとなっていたのかという点も評価していく必要がある。

　子どもの姿と保育において保育者が大切にしたいと考える点をふまえながら，よさと課題を見出だし，そこから改善したい点を次に反映させていくための具体的な手立てを考えていくことが大切である。このような自己評価を重ねていくことにより，保育を省察する力もついていく。保育者は自ら実践を振り返る自己評価を通して，専門性の向上と実践の改善に努めることが重要なのである▶17。

　保育者の自己評価は，個別に行うだけではなく，相互理解による学び合いも重要である。園内研修や保育カンファレンスをはじめ，特に時間を設けていなくてもあらゆる機会を活用して他の保育者と話し合う機会を持つことによって，相互理解を図っていく。保育実践や記録を互いに見合うことで，自分とは観点の異なる子どもの行動の見方に出合い，1人では気づけないよさや課題を見出だすことにつながる。保育者同士が話し合うことは，自分の保育に対する視野を広げ，見つめ直す機会でもあり，保育の質の向上には不可欠である。お互いに意見を交わし合い，自分と異なる意見を受け止め，自らの保育を振り返っていく学び合いのなかで，自己評価がより深いものとなっていく。

▶17　保育所保育指針第1章「総則」3「保育の計画及び評価」(4)「保育内容等の評価」ア「保育士等の自己評価」(ア) 参照。

4　各保育施設における自己評価

　各施設における自己評価は，施設長のリーダーシップのもとに，自らの保育の内容とその運営について，組織的・継続的に評価していく。各園における自己評価は，保育者個人の自己評価が基盤となって行われる。「保育所における自己評価ガイドライン」を参考にして園の自己評価の過程をみていくと次のようになる。

①個々の自己評価を園という組織としての保育や子ども理解へと転換し，組織的に共有していく。

②園内研修等により，新たな観点からの理解や認識が得られるとと

もに，課題とその対応に対する提案などが出されていく。
③学び合いのなかで関連性を持って整理され，しだいに体系的なものとなる。
④共有され深まった理解を保育所保育指針に基づく評価の観点に照らし合わせ，園が大切にしている価値や課題を明確にしていく。
ここから，次に向けて改善を図っていくのである（図12-1）。

このとき，個々の保育者がそれぞれに行っている振り返りをそのまま個人のものとして終わらせてしまったり，話し合いを持ってもその場限りで終わらせるのではなく，園としての理念や目標と照らし合わせながら，施設全体としての保育の課題として共有し，これから何を重点的に取り組んでいくのかを認識して取り組むことに評価をしていく意味がある。

また，自分たちの保育や施設全体のことについて話し合う際に，反省点だけを述べていくのではなく，それぞれの取り組みのよかった点を肯定的に話し合うことからはじめたい。特に経験の浅い保育者にとっても安心して評価し合える関係となるよう，オープンに評価をしあえる雰囲気をもった職員集団をつくっていくことが，保育の質の向上につながる。語りやすい雰囲気のなかで，相手の思いを誠実に受け止めなが

▶18　厚生労働省「保育所における自己評価ガイドライン」2009, p.5。

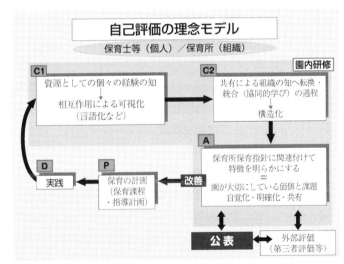

図12-1　自己評価理念モデル▶18

ら，率直に意見を言い合える職員同士のよりよい関係性を構築することが，評価に取り組むための土台となるといってもよいかもしれない。

信頼関係に基づく話し合いによって，1人の保育者だけではなく，保育者それぞれの専門性を高める関係も生まれていき，それぞれの特性を生かしながら役割を果たし，施設全体の組織の持つ力を高めていくだろう。自己評価を施設のなかで共有していくことによって，保育施設としての組織的で継続的な改善が図られていくことにつながっていく。

幼稚園においても保育所においても保護者に対して自己評価などを公表することが求められている[19]。情報を公開することによって，保育施設において今日その日の保育ではどのようなことをしたのか，あるいは日々の保育で何を得ているのか，どんなことを育んでいるのかということも含めて説明していく責任がある。

公表するということは，公表する側である幼稚園や保育所と公表を受ける側である保護者や地域住民とをつなぐ役目を担っていることを意識してほしい。公表によって，日々の取り組みの内容とともにそのよさを伝えることもできる。さらに，保護者や地域住民の理解を得ていくことで，連携や協力関係をつくることができる。子どもたちの活動を見守ってもらう，ときには手助けをしてもらうこともできるようになっていく。このような園と家庭や地域との結びつきで信頼関係が構築されていくならば，子どもの育ちにとってもよい環境がつくられていくことになる。

なお，保育所保育指針に自己評価の結果の公表に努めることとともに，保護者や地域の人たちから意見を聴くことが望ましいということが示されている[20]。また，「幼稚園における学校評価ガイドライン」には，「園児の送迎や園の行事の際などの保護者とのコミュニケーションの機会を積極的に利用し，保護者の要望や意見を収集する努力も大切」とされている。保育施設が，保護者や地域の

[19] 学校教育法施行規則第66条，保育所保育指針第1章「総則」3「保育の計画及び評価」(4)「保育内容等の評価」イ「保育所の自己評価」(イ)。

[20] 保育所保育指針第1章「総則」3「保育の計画及び評価」(4)「保育内容等の評価」イ「保育所の自己評価」(ウ)参照。

12 章　保育者および保育施設における自己評価

人に開かれたものとして，積極的に意見を聴きながらよりよい方向
へと改善を図っていく姿勢を示すことが，信頼と理解を得ることに
つながっていくだろう。

5　評価をとおして高め合う保育者を目指して

　自己評価は保育内容の充実を図り，子どもの生活と遊びをより豊
かなものとなるように行っていくものである。保育者は自己評価を
通して，子どもに対する理解や指導の考え方を深め，保育環境を考
え，何をしていくことがよりよいものとなるかを考えていく。

　保育者自らの自己評価に基づく話し合いや園内研修，園外研修で
保育者同士が学び合うことによって，自分の保育をとらえなおし，
保育の視野を広げていくことができる。評価を通して保育者同士が
高め合っていくような関係を築いていきたいものである。

　保育者 1 人ひとりの保育力を高め，保育内容や保育環境を充実さ
せていくことが，園全体の保育の質を高めていくことになる。

参考文献
厚生労働省「保育所における自己評価ガイドライン」2009
厚生労働省「社会的養護関係施設における第三者評価及び自己評価の
　　実施について」2015
無藤隆・柴崎正行編『別冊発達 29　保育所保育指針・幼稚園教育要領
　　のすべて』ミネルヴァ書房，2009
文部科学省「幼稚園における学校評価ガイドライン」2008
文部科学省「幼稚園における学校評価ガイドライン〔平成 23 年改訂〕」
　　2011

13章 保育の計画の再編成

1 教育課程・全体的な計画の改善
──意義や方法について

■なぜ改善が必要か

　幼稚園の「教育課程」と保育所の「全体的な計画」、そして幼保連携型認定こども園の「教育及び保育の内容並びに子育ての支援等に関する全体的な計画」（以下、この3つを「教育課程・全体的な計画」と称する）は、保育の現場におけるいわば憲法ともいうべきものである。園長を中心にそこで働く保育者が協同して討議を重ね、吟味を繰り返して編成する。そこには各々の園で生活する子どもの発達過程や育ちの見通しが示され、保育目標や教育目標の実現に向かって展開していこうとする園生活の全体像が描かれている。保育者は、その教育課程・全体的な計画の意図の理解と共通認識のうえに指導計画を立案し、日々の保育実践を行う。

　この教育課程・全体的な計画は、一度編成したものを一切修正も変更も加えることなく原型をとどめたまま未来永劫使い続けていくというものではない。幼稚園や保育所は、そこで育った子どもたちを春に小学校へ送り出し、そして新たな仲間を迎え入れて次の年度をスタートさせる。その新しい1年の開始にあたっては、新たな仲間の存在を織り込んだうえで、その年度の園生活の全体像が教育課程・全体的な計画に描かれることが求められる。

　たとえば園児数や学年構成、クラス数、園の環境に大幅な変化がなかったとしても、園生活の主役である子どもたちの顔ぶれが変わ

13章　保育の計画の再編成

れば，前年度の教育課程・全体的な計画はそのまま適用できるとは限らない。あるいは規定の変更や施設の拡充，改組といったことがあれば，園舎の増改築やリフォーム，園庭遊具の入れ替えや新規導入といった施設全体の物理的な環境が大きく変更される場合もある。そうした1年間の保育実践の振り返りや園を取り巻く状況変化といったさまざまな改善点・修正点を次の編成に生かしていかなければならない。

　もちろん，それぞれの園が掲げる園の保育・教育方針，そして私学の幼稚園であれば建学の精神は揺るぎないものである。時代や世相が移り変わっても園が掲げる理想や育ちゆく子どもの姿はぶれるものではない。教育課程・全体的な計画はその園の保育の全容であり重要な骨格であるが，年度を更新するごとに改善をねらって修正を施すことが必要とされる面があり，その意味では永遠に未完成のものであるといえる。

■要領・指針等も改善される

　そもそも教育課程の基準となる幼稚園教育要領や，保育課程の基準となる保育所保育指針も定期的に見直しと改訂を繰り返している。幼保連携型認定こども園教育・保育要領も同様である。子どもと保護者の家庭環境やその生活環境，地域との関係，そして社会全体のありようは常に変化する。加えて近年はその変化の加速度が増しているように映る。そのため変化の激しい現代の世相においては，幼稚園教育要領や保育所保育指針等は，現代の子どもが育つ環境を反映するべく定期的な改訂がなされる。直近では2017（平成29）年に新しい教育要領，保育指針等が告示され，2018（平成30）年4月から施行されている。これによって，教育課程・全体的な計画もそれに合わせた修正が必要となる。

　さて，教育課程・全体的な計画の改善の意義について，幼稚園教育要領においては次のように示されている◻1。

◻1　第1章「総則」第3「教育課程の役割と編成等」1「教育課程の役割」。

171

（前略）「幼児期の終わりまでに育ってほしい姿」を踏まえ教育課程を編成すること，教育課程の実施状況を評価してその改善を図っていくこと，教育課程の実施に必要な人的又は物的な体制を確保するとともにその改善を図っていくことなどを通して，教育課程に基づき組織的かつ計画的に各幼稚園の教育活動の質の向上を図っていくこと（以下「カリキュラム・マネジメント」という。）に努めるものとする。

また，保育所保育指針においては🔲 2，

ア　保育所は，評価の結果を踏まえ，当該保育所の保育の内容等の改善を図ること。
イ　保育の計画に基づく保育，保育の内容の評価及びこれに基づく改善という一連の取組により，保育の質の向上が図られるよう，全職員が共通理解をもって取り組むことに留意すること。

🔲 2　第 1 章「総則」3「保育の計画及び評価」(5)「評価を踏まえた計画の改善」。

いずれも，教育課程・全体的な計画の改善と修正をすることで，保育・教育の目的の実現を効果的にしていくことと，保育の質を高めることを求めている。

とりわけ平成 29 年告示の教育要領・保育指針等においては，小学校以降の教科を軸とした学習への円滑な連続性を担保することが強調されており，就学前教育において育みたい資質・能力と「幼児期の終わりまでに育ってほしい姿」が示されている。それは，これまでの教育要領等と比較して子どもの育ちを評価していく視点が明確になったことを意味している。後述する保育者の自己評価や園全体の自己評価をしていく過程において，個々の子どもの資質と能力をどのように育てることができたのか，「幼児期の終わりまでに育ってほしい姿」を視点にして，個々の子どもの育ちの評価をしていかなければならない。この子どもの育ちの評価を含めて，各保育現場においては，保育のエバリュエーション（evaluation：評価）とアセスメント（assessment：事前査定）の手続きを構築する必要がある。この広義の「保育アセスメント」の結果を，教育課程・

13章　保育の計画の再編成

全体的な計画の改善に生かしていく必要が重視されているといえる。

■園の内部にある改善の手がかり

では，教育課程・全体的な計画の改善は何を手がかりに進めていくと良いのだろうか。1つには日々の保育を振り返り自己評価する「内部評価」をもとにすることがあげられる。2つめには，「外部からの評価」を参考にするということがあげられる。

まず，日々の保育の振り返りについては，基本的な意義や考え方が11章に詳しく述べられている。その日実施した自分の保育を，日誌などの記録の記述に基づいて振り返り，省察を行う。それによって得られた保育内容や保育者の配慮事項の修正点を翌日の保育の計画・保育細案に反映させ，保育を実施する。また週末には，その週全体の保育の経過を振り返り省察をする。そして次週の指導計画に反映していく。保育者はこうしたPDCAサイクルを繰り返すことで，日々の保育の改善を行っている。

教育課程・全体的な計画の改善には，こうした保育者個々の保育実践と振り返りの積み重ねを寄せ合い，摺り合わせていく必要がある。具体的には，職員会議や打ち合わせといった保育者のディスカッションの場でその作業が進められていく。あるいは，職員室のデスク間で行われる保育者同士の何気ない情報交換や意見交換においても，保育・教育課程の改善につながる有用な情報やヒントが得られる場合がある。

個々が行っている保育日誌の記述や振り返りの記録を寄せ合い，修正案や改善案についてディスカッションをとおして期の指導計画や年の指導計画といった長期指導計画に落とし込んでいく。その作業が独善的にならないよう，学年ごとの観点あるいは学年間のバランスなど，園全体というマクロな視点で指導計画を修正・改善していかなくてはならない。そのためには，複数の保育者によって個々の気付きや観点を意見として述べ合う必要がある。

また，保育を振り返るにあたり重視すべきポイントとして「園行事」がある。特に「運動会」「音楽発表会」「生活発表会」といった，日常の保育活動のまとめとしての性格をもつ行事がそれに相当する。園行事には「入園式」や「誕生会」といった生活の節目を知らせたり成長を祝ったりといったセレモニーを中心とした行事もあれば，「七夕」「クリスマス」「節分」といった伝統行事，季節の風物を伝えるものもある。だが，「運動会」「生活発表会」といった行事は，行事当日もさることながら，そこに至る日々の保育の集大成といった意味が大きい。つまり，そうした行事の反省や振り返りをすることは，行事前後の保育のねらいや計画全体を見直すことに直結する。

通常，こうした園行事を実施した後は行事の反省や振り返りをするものである。そこでまとめられた次年度への改善案やビジョンを軸にして，前後の保育計画の修正を長期指導計画に反映させていくのである。

■園の外部にある改善の手がかり

次に，外部からの評価については，保育所であれば，内部の自己評価に続き，保育サービスの質の向上をねらって5年に一度の第三者評価を受けることが2015（平成27）年度から努力義務となった。また幼稚園であれば，学校運営協議会や学校評議員という制度がある。いずれも園と直接関係のない地域の関係者や学識経験者によってなされる評価であり，外部の冷静かつ客観的な視点から園の保育や運営について，意見や提言を得ることができる。これら外部からの評価を，教育課程・全体的な計画の改善と長期指導計画の見直しにつなげることが求められている。

また，保護者の意見も外部評価の1つといえる。たとえば運動会のように保護者が参加する行事の後にはその感想をアンケートなどで得ることができる。クラス懇談会や保護者会といった機会でも意

13章　保育の計画の再編成

見を募ることができる。なかには園にとっては耳の痛い意見があったり，昨今ではクレームに近い意見が寄せられたりする場合もある。しかし，子どもを園に預ける保護者の立場と視点から見えた園の保育や運営に対する感想や意見には，謙虚に耳を傾けるべきものも多い。そうした意見や要望を参考にして，教育課程・全体的な計画や日々の指導計画の改善に反映することができる。

■保育者全員で共通認識をもつ

　以上のような保育の振り返りやさまざまな意見，提言，情報を手がかりに指導計画を見直すことを経て，教育課程・全体的な計画の改善と再編成をしていくこととなる。なにより，この作業過程に保育者全員がかかわることが重要である。保育現場において年度の更新で顔ぶれが入れ替わるのは子どもだけではない。そこで働く保育者が入れ替わることも少なくない。再編成の作業は，園の保育と教育において変えるべき部分は柔軟に修正し，揺るぎない保育・教育の目標や願いは確実にそこで保育の仕事を担う者に伝達し引き継いでいくことでもある。ベテランから新人までの保育者が保育・教育課程の意図を再確認し共通認識をもつことによって，その園の保育の質の維持と向上が図られるのである。

2　保育の過程の再確認

■保育の過程の PDCA サイクル

　保育計画の再編成をすることは，日々の「保育の過程」を再確認することでもある。「保育の過程」は，保育実践を省察，評価，見直し，改善していくという一連のプロセス全体と説明することができるが，これは 3 章で説明されている保育の質を高めるためのPDCA サイクルと同じ構造を持っていると考えることができる。

175

教育課程・全体的な計画の改善も含めて保育計画の改善・再編成をしていくことは，PDCAサイクルにおける「Action（改善）」から「Plan（計画）」へフィードバックする行程において行われる作業であるといえるが，その再編成作業においては，あらためて日々の保育実践のなかで，このPDCAサイクル，すなわち「保育の過程」が有効に展開され，また円滑に循環しているのかどうかを再確認しておきたい。

　ただ，教育要領・保育指針等においては，「Action（改善）」の前段階である「Check（評価）」が重要視されていることを理解しておかねばならない。保育実践に対する的確な評価結果を明らかにして，そこで得られた情報や考察結果を踏まえてこそ有効な改善が成り立つ。

　評価の対象となるのは，保育者が立案した保育計画や実際の保育展開の結果はもちろんのこと，「幼児期の終わりまでに育ってほしい姿」をもとにした個々の子どもの育ちの評価が重要となる。そのほかにも保育環境の評価等さまざまな評価の視点が考えられるが，現場の保育観や方針に照らして適切な評価基準と方法を構築し，単に「できた・できなかった」というチェックに終わらず，いくつかの視点によって得られた評価結果から総合的にアセスメントしていくことが求められる。

　この保育アセスメントによってまとめられた結果をもとにして次の「Action（改善）」段階に進めていき，保育を改善していくPDCAサイクルを回していきたい。

■保育は修正と微調整を繰り返す

　保育の過程の再確認においては，保育実践のなかでどういう具合に保育の過程が展開され，保育の精度を上げてきたのかを検証することが求められる。指導計画そのものはあくまでも事前の「予想」であり「予定」である。実際の子どもの様子や変化といった目の前

の子どもの実態，あるいは保育展開の手応えや結果は計画通りにいかないことが少なくない。現実的にはさまざまな場面で差異が生じるものである。そのため，日々の保育においては，子どもの実態や保育の結果や反省から計画の修正や微調整を繰り返していくことになる。もちろんこれは，保育・教育課程や長期指導計画で示したその園の保育・教育のねらいを達成するための修正や微調整ということである。

　こうして，保育実践の経過のなかでさまざまな修正や微調整を繰り返してきた保育の過程は，当初の計画とは違ったものとなって日誌などに記録されることになる。保育のねらいを達成するためにたどった実際の保育の道筋が，当初予定していたルートとは多少違っていたということである。このこと自体は，今を生きる子どもを対象とする保育という営みである以上，必要なルート変更である。それだけ目の前の子どもの実態に合わせた柔軟な保育実践ができていたととらえることができる。

■計画と保育の実際の検証・評価（保育アセスメント）

　こうした日誌などの保育の実際の記録を，保育アセスメントに生かしていく必要がある。なぜ保育の道筋を変更する必要性が出てきたのか，当初の指導計画編成時の予想や設定の何が有効で何が外れていたのか，実際の保育の過程を丁寧に再確認して検証する。あるいは，保育の過程でさまざまな修正，改善を試みたものの，残念ながら保育のねらいを十分に達成することができずに終わるということも起こりうる。そうなればなおのこと保育の過程の検証を入念に行い，その結果を次の指導計画の編成に生かしていかねばならない。

　日案や週案といった短期指導計画の枠組みや，園行事を軸にした中期的な指導計画という枠組みの場合は，保育の過程にもわかりやすい区切りがあるので，そのつどそうした再確認と検証作業がなされていることが多いだろう。一方で長期指導計画の場合は，期や年

177

といった大まかな区切りになってくるため，年度の終わりや，幼稚園であれば学期末などに，そうした検証作業を行うことになる。そこでは，短期や中期の指導計画の修正や微調整がどうつながったり関連し合ったりしているかといったマクロな視点で俯瞰してみることも大切である。その検証結果から見えてきたものを，次の指導計画や保育・教育課程の再編成の手がかりにするのである。

3 子どもの発達に意味のある計画へ向けて

■「ねらい」と「内容」の見直し

ここまで保育の計画を再編成することについて，その意義や方法，特に日々の保育の過程を再確認することの必要性を解説してきた。ここでは，そうしたいわば「保育の見直し」の作業において押さえておくべき重要なポイントを具体的にあげていくことにする。

まず，各指導計画の「ねらい」と「内容」の吟味があげられる。そもそも日々の保育はねらいが設定されていることによって成立している。ねらいを達成するために子どもが経験する保育の「内容」がこれに続き，その内容を実施するために「環境の設定」のプランが組み立てられている。このねらいが適切であったかどうかの吟味が必要である。

そのためには，子どもの発達の理解とそれに基づく実態把握の妥当性がポイントとなる。短期指導計画におけるねらいの設定については，年や期といった長期指導計画に設定しているねらいに基づいて作成されているが，実際には目の前の子どもの様子や姿といった実態に合わせた修正がなされている。その修正の根拠となっている子どもの実態の把握について，その妥当性を問う必要がある。

また，子どもの実態をとらえる単位は個人を対象にしたものだけではない。クラス全体という集団の枠組みでとらえられる子どもの

育ちの実態もある。あるいは「気の合う仲間」「小集団」「小グループ」といった3〜5名ほどの子ども集団という中間的な単位も存在する。4歳児，5歳児のクラスになると，こうした小グループをベースにした子ども同士のかかわりが活発になり，そこで見られる育ち合いの姿や学びの様子は，子どもの実態をとらえるうえで重要な視点となる。短期指導計画においては，こうした子どもの発達理解と実態把握の振り返りから，ねらいと内容の見直しを図っていきたい。

　一方，長期指導計画におけるねらいと内容の設定については，これも子どもの実態把握が基本とされるが，一般的な子どもの年齢ごとの発達段階や心理学的に明らかにされている育ちの見通しがそのベースとなっていることが多い。このとき，発達の見通しは，乳幼児期という保育の対象年齢だけでなく，学童期や思春期，青年期といった生涯発達という観点も重要である。

　前述のとおり，平成29年告示の教育要領・保育指針等では小学校との連携の重要性が以前に増して示されている。ここで大切になってくるのが幼児期から学童期への「学びの連続性」である。乳幼児期の保育・教育に携わる者は，その時期に子どもが得ていく学びが小学校進学以降の学びにつながっていくことをイメージしたうえで乳幼児期の育ちをとらえ，教育課程・全体的な計画や指導計画に反映していくことが求められている。

　加えて，子どもがこの先の人生で絶えず心理的に変化を遂げていく生涯発達という観点を押さえたうえで，「幼児期に育みたい資質・能力」と「幼児期の終わりまでに育ってほしい姿」が明示された。これをもとに小学校に進学していく個々の子どもの育ちを丁寧に見とり，その結果を次の保育のねらいと内容の設定に生かすようにしたい。

■環境設定の見直し

　次に，実際の保育の展開場面において重要になるのは，遊びや生活の環境設定や保育者の援助である。保育者を「人的環境」としてとらえれば，保育者の援助や指導上の配慮も大きな意味でこれも環境設定と考えることができる。この環境設定の見直しは，前述のねらいと内容の見直しを経てからとなる。設定されたねらいを達成し，結果を出すための具体的な方法が環境設定である。ねらいなくして環境設定は考えられない。

　さて，この環境設定の見直しの際には，他の複数の保育者とのカンファレンスやディスカッションを通じて行うことが有効である。これはいわば具体的な保育の方法論の吟味と検討である。そこではさまざまな保育と環境設定のアイデアや工夫が提示されてよい。それには，自分と違う保育観や価値観を持った他の保育者の観点やアイデアが，多くのヒントや示唆を与えてくれると期待される。

　子どもに対する保育者の援助についても同様である。他の保育者とのカンファレンスやディスカッションからは，「目からウロコ」のような気づきやヒント，刺激を得ることができるだろう。それによって，それまで自分には見えていなかった子どもへの心配りのポイントや気遣いのタイミングがあることを学び，新たな視点で指導計画の見直しが図ることができるのである。

■個に対する保育を見直す

　次に，自分自身の保育とその指導計画を見直すためのいくつかのポイントをあげておく。

　まず，子ども1人ひとりに対するかかわりはどうであったかを振り返るようにする。指導計画には1人ひとりの子どもに対する援助や配慮を記入することはないが，個々の育ちや個性，発達特性といった子ども個人の「人となり」はとらえているはずである。その

13章　保育の計画の再編成

理解に基づいて，保育実践のなかで真摯に対応したか，その子の人格に向き合い，心情を受け止めることができていたかを振り返るようにしたい。

あわせて，中期・長期指導計画の見直しのタイミングとなる学期や年度の切り替え時には，「幼児期に育みたい資質・能力」と「幼児期の終わりまでに育ってほしい姿」をもとにした個々の子どもの育ちの評価を整理しておく必要がある。これには，それぞれの園で子どもの育ちを評価するための評価基準や尺度・目安が準備されている必要がある。そこから個々の子どもに向き合っている保育者が育ちを評価していくことになる。

この評価については，幼稚園教育要領に以下の一文⬅ 3 がある。

⬅ 3　第 1 章「総則」第 4「指導計画の作成と幼児理解に基づいた評価」4「幼児理解に基づいた評価の実施」(1)。

指導の過程を振り返りながら幼児の理解を進め，幼児一人一人のよさや可能性などを把握し，指導の改善に生かすようにすること。その際，他の幼児との比較や一定の基準に対する達成度についての評定によって捉えるものではないことに留意すること。

小学校以降の学校においては，各教科の単元が明確にされており，達成すべき目標とそのための評価方法と基準が明らかである。数値でそれを示すことも可能である。しかし，保育の評価は「一定の基準に対する達成度」ではなく，子ども個々に対する「個人内評価」をしていくことが求められている。

保育者は，1 人ひとりを丁寧に見つめるまなざしをもって個々の子どもの育ちを評価していかなければならない。その結果を手がかりにしつつ，個々の育ちの課題に対して意欲的に取り組もうとする気持ちや，「やる気」を高めていくための努力ができたかどうかについても省察し，個に対する保育の自己評価を行うようにする必要がある。

181

■集団に対する保育を見直す

　見直しのポイントとして次に押さえておきたいことは，クラス集団に対する保育の省察である。保育所や幼稚園は集団生活の場である。個々の生活や遊びを大切にしつつ，仲間と一緒に過ごし遊ぶ，あるいは目的をもって仲間と共に協同的な活動ができる環境を提供することが，保育所，幼稚園等の大切な機能である。そうしたクラス集団を対象に，保育者はリーダーとして指導力を発揮して保育を展開することも求められる。その保育展開や事前の計画について振り返っておくことも重要である。

　それが子どもたちの発達に即した計画と保育展開であったのか，保育者の独善的な進め方や自己満足のような状態になっていなかったか，子どもたちに緊張や負担を強いるようなことになっていなかったかなど，省察の視点はたくさんある。

　これも，保育者同士のカンファレンスやディスカッションのなかで，たとえばフリーの保育者や園長といった第三者的な立場で保育を見ている保育者からの意見や評価をもらうようにするとよい。他者の目から見て語られる自分の保育の様子は，自分の自覚を超えるものである。これは時に耳の痛い意見や厳しい助言となる場合もあるが，これによって，自分の保育の計画と実践の振り返りと見直すことについて，客観性と妥当性が付加される。そしてこれが，より良い保育の計画の再編成につながるのである。

4 保育・教育の目標に向けて

■地域社会における園の役割とは

　さて，ここまで保育の計画の再編成について，主に園内で実施される保育に関してその意義や方法，見直しのポイントについて述べ

13章　保育の計画の再編成

てきた。だが，保育現場の役割は園内の保育にのみ留まるものではない。所在する地域における子育ての支援を行う中心的な施設として機能することが大きな役割となった。また，子どもの保護者に対しても良好な関係を築くことに努め，園の保育の意図や内容の理解を深めていくようにする必要もある。そして，保護者に対する子育て相談などの保護者支援，家庭支援を積極的に進めていくことも，重要な仕事になっている。

　こうした園の社会的な役割と機能について，教育課程・全体的な計画あるいは指導計画の見直しや再編成を行うにあたって重要なことは，地域をはじめ世の中の風潮や動向，世相に常に敏感であることを心がけ，情報収集を怠らないことであろう。

　たとえば，保育の施設が必ずしも地域から歓迎されているわけではないということが話題になった。待機児童対策として住宅地に新たな保育所を建てようとしたところ，子どもの声や保育活動に伴い発生する音，施設の空調室外機の騒音などが地域住民から嫌われ，設置反対の声があがるという。あるいは，生活環境の急な変化ということもある。通園エリアに大きなマンションが数棟建築されたとか，巨大ショッピングモールが進出してきて周辺の交通事情をはじめ環境が一変したということでも園と子どもの生活に影響が及ぶ。地方の園であれば，またこれとは違った地域の事情や変化があってもおかしくない。加えて昨今では，地震や水害といった大規模自然災害による生活環境・保育環境の激変ということも他人事ではなくなっている。

　このように，保育所や幼稚園等はけっして世の中と無縁な場所と施設ではない。世の中の変化は，園そのものはもちろん，子どもにも保護者や家庭にも，園で働く保育者とも直結している。地域に溶け込んだ保育施設として成り立つためには，地域とそこで生活している人々と良好でオープンなつながりを結んでおく地道な努力も欠かせない。あるいは急激な変化に対して，どう考えてどういう対応

や方法をとる準備があるのか提示していくことが現在の教育・保育施設には求められている。

■情報収集と情報発信

とりわけ回避しなければならないことは,「対応が後手に回る」ことである。昨今,社会の変化のスピードが速くなっている。ITとインターネットの急速な発達で,誰もが最新の情報を簡単に入手することができるようになった。スマートフォンの普及により,SNSを活用して手軽にいつでも情報交換ができる時代となり,その伝達スピードと情報拡散エリアの広さは,これまでの常識と感覚を凌駕しているといえる。もし,大半の保護者が知っていることを「園だけが知らなかった」ということがあったならば,それだけで園の信頼を失いかねない。

そうした事態に陥ることなく,園の社会的な役割を有効にしていくためには,まずは地域や保護者の園に対する意見やニーズ,期待といった声に耳を傾けるオープンな姿勢が大事である。周囲に対してアンテナを敏感に張り巡らせ表に裏に情報を収集し,急を要する事案には後手に回ることなく,対応とその準備について情報発信を行う。また,そうでない事案は,保育・教育課程や指導計画の見直しの作業で,有効な手だてを盛り込んでいくことが肝要である。

何よりも,そうした園の姿勢こそが地域とのよい連携を生み,地域の教育力や子育て環境の向上に一役買うことになる。それによって,地域で子どもが健やか育っていくことが期待されるのである。保育者はこうしたビジョンをもって,一連の保育の計画の見直しと再編成に取り組んでいきたい。

14章 入園から修了までの生活と発達の連続性をふまえた要録作成
──未来を担う子どもたちの育成

1 就学前教育の場としての幼稚園・保育所・認定こども園

　幼稚園教育要領，保育所保育指針，幼保連携型認定こども園教育・保育要領では，幼稚園，保育所，認定こども園のいずれにおいても，小学校との連携が重視されている。小学校入学以前の子どもたちが通う場として，小学校教育との接続，指導の継続性が大きなポイントとなっているのである。そこで本章ではまず，小学校教育との連動において重要な役割を担う「幼稚園幼児指導要録」と「保育所児童保育要録」「認定こども園こども要録」について解説を行うことにする。

■幼稚園幼児指導要録・保育所児童保育要録・認定こども園こども要録

　まずは「幼稚園幼児指導要録（以下，指導要録）」（図14-1）について見ていくことにしよう。そもそも指導要録とは何か。その定義は，2009年1月の通知「幼稚園幼児指導要録の改善について」のうちに示されている。これによれば，指導要録とは「幼児の学籍並びに指導の過程とその結果の要約を記録し，その後の指導及び外部に対する証明等に役立たせるための原簿となるもの」である。幼稚園においては園長が指導要録を作成することが文部科学省の定めによって義務づけられており，幼児が進学，転園した場合には，進学先もしくは転園先に指導要録を送付せねばならない。指導要録は，

185

(様式の参考例)

幼稚園幼児指導要録（学籍に関する記録）

区分＼年度	平成　年度	平成　年度	平成　年度	平成　年度
学　級				
整理番号				

幼児	ふりがな 氏　名		性　別	
	平成　年　月　日生			
	現住所			

| 保護者 | ふりがな
氏　名 | |
| | 現住所 | |

入　園	平成　年　月　日	入園前の 状　況	
転入園	平成　年　月　日		
転・退園	平成　年　月　日	進学先等	
修　了	平成　年　月　日		

| 幼稚園名
及び所在地 | |

年度及び入園（転入園） ・進級時の幼児の年齢	平成　年度 歳　か月	平成　年度 歳　か月	平成　年度 歳　か月	平成　年度 歳　か月
園　　　長 氏名　　印				
学級担任者 氏名　　印				

図 14-1 幼稚園幼児指導要録　様式の参考例（出典：文部科学省 Web サイト）

14章　入園から修了までの生活と発達の連続性を踏まえた要録作成

「学籍に関する記録」と「指導に関する記録」から構成され，幼児の在籍を証明する資料であるとともに，幼児の入園から修了までの発達を追った記録でもある。とりわけ，小学校入学の際には，小学校教員への引き継ぎ資料となるため，指導の継続性の観点からも重要な意味合いを持つ。また指導要録の保存期間は，学籍記録については20年間，指導に関する記録が5年間と定められている（学校教育法施行規則第28条）。

つぎに「保育所児童保育要録（以下，保育要録）」（図14-2）について見てみよう。これは「子どもの育ちを支えるための資料」として定義され，前回の保育所保育指針の改定（2008）の際に作成が義務づけられたものである。保育要録の保存期間については，「当該児童が小学校を卒業するまでの間保存することが望ましい」とされる。指導要録同様，保育要録もまた，学びの連続性の観点から，小学校に対して子どもの育ちを伝えてゆくための重要な資料として位置づけられる。

また，幼稚園，保育所のこうした要録作成の流れとともに，認定こども園でも「幼稚園幼児指導要録及び保育所児童保育要録に相当する資料」である「認定こども園こども要録」（図14-3）を作成することが定められている。

■自然に対する畏敬の念の育成

このように小学校教育との連携，指導の連続性が重視される状況において，幼稚園，保育所では子どものどのような力を育んでゆけばよいのであろうか。さまざまな項目があげられるだろうが，とりわけ幼児期には，豊かな感性を培ってゆくことがきわめて重要な課題となる。そして，幼児期にこそ育てたいものとして，自然に対する感性があげられるだろう。環境問題が全人類の直面する深刻な問題となっている現代において，子どもたちが幼児期から自然との関わり方を学ぶ意義は大きい。自然との良き関係の築き方について子

187

保 育 所 児 童 保 育 要 録　**様式の参考例**

ふりがな			性別		就学先				
氏　名					生年月日	平成　　年　　月　　日生			
保育所名及び住所	(保育所名)		(住所)　〒　　—						
保育期間	平成　　年　　月　　日　〜　平成　　年　　月　　日　(　　年　　か月)								

子どもの養護(生命の保持及び情緒の安定)に関わる事項	(子どもの健康状態等)

項目	ね　ら　い(子どもを捉える視点)	子どもの育ちに関わる事項
健康	・明るく伸び伸びと行動し、充実感を味わう。 ・自分の体を十分に動かし、進んで運動しようとする。 ・健康、安全な生活に必要な習慣や態度を身に付ける。	
人間関係	・生活を楽しみ、自分の力で行動することの充実感を味わう。 ・身近な人と親しみ、関わりを深め、愛情や信頼感を持つ。 ・社会生活における望ましい習慣や態度を身に付ける。	
環境	・身近な環境に親しみ、自然と触れ合う中で様々な事象に興味や関心を持つ。 ・身近な環境に自分から関わり、発見を楽しんだり、考えたりし、それを生活に取り入れようとする。 ・身近な事物を見たり、考えたり、扱ったりする中で、物の性質や数量、文字などに対する感覚を豊かにする。	
言葉	・自分の気持ちを言葉で表現する楽しさを味わう。 ・人の言葉や話などをよく聞き、自分の経験したことや考えたことを話し、伝え合う喜びを味わう。 ・日常生活に必要な言葉が分かるようになるとともに、絵本や物語などに親しみ、保育士や友達と心を通わせる。	
表現	・いろいろなものの美しさなどに対する豊かな表現を持つ。 ・感じたことや考えたことを自分なりに表現して楽しむ。 ・生活の中でイメージを豊かにし、さまざまな表現を楽しむ。	

施 設 長 名　　　　　　　　　　(印)　担当保育士名　　　　　　　　　　(印)

※　「子どもの養護(生命の保持及び情緒の安定)に関わる事項」は、子どもの生命の保持及び情緒の安定に関わる事項について、子どもの発達過程や保育の環境に関する事項等を踏まえて記載すること。また、子どもの健康状態等について、特に留意する必要がある場合は記載すること。
※　「子どもの育ちに関わる事項」は、子どもの保育を振り返り、子どもが育ってきた過程等を踏まえた上で、主に最終年度(5、6歳)における子どもの心情・意欲・態度等について記載すること。
※　子どもの最善の利益を踏まえ、個人情報として適切に取り扱うこと。

図 14-2　保育所児童保育要録　様式の参考例(出典：厚生労働省 Web サイト)

14章　入園から修了までの生活と発達の連続性を踏まえた要録作成

別添資料

(様式の参考例)

認定こども園こども要録（学籍等に関する記録）

年度 区分	平成　年度	平成　年度	平成　年度	平成　年度
学　　級				
整理番号				

子ども	ふりがな 氏　名		性　別	
	平成　　年　　月　　日生			
	現住所			
保護者	ふりがな 氏　名			
	現住所			

入　園	平成　年　月　日	入園前の 状　況	
退　園	平成　年　月　日		
修　了	平成　年　月　日	進学・ 就学先等	
幼稚園に在 籍した期間	平成　年　月　日 〜平成　年　月　日		

| 園　　名
及び所在地 | |

年度及び入園・進級時 の幼児の年齢	平成　年度 歳　か月	平成　年度 歳　か月	平成　年度 歳　か月	平成　年度 歳　か月
認定こども園の長 氏名　　印				
学級担任者 氏名　　印				

図14-3 認定こども園こども要録　様式の参考例（出典：内閣府Webサイト・次ページも）

（様式の参考例）

認定こども園こども要録（指導及び保育に関する記録）

ふりがな 氏名 平成　年　月　日生 性別 子どもの育ちに関わる事項	養護 （子どもの健康状態等）	平成　年度	平成　年度	平成　年度	平成　年度
ねらい （発達を捉える視点）	指導の重点等　教育	（学年の重点）	（学年の重点）	（学年の重点）	（学年の重点）
健康 明るく伸び伸びと行動し、充実感を味わう。 自分の体を十分に動かし、進んで運動しようとする。 健康、安全な生活に必要な習慣や態度を身に付ける。		（個人の重点）	（個人の重点）	（個人の重点）	（個人の重点）
人間関係 園生活を楽しみ、自分の力で行動することの充実感を味わう。 身近な人と親しみ、かかわりを深め、愛情や信頼感をもつ。 社会生活における望ましい習慣や態度を身に付ける。	指導上参考となる事項　育児				
環境 身近な環境に親しみ、自然と触れ合う中で様々な事象に興味や関心をもつ。 身近な環境に自分からかかわり、発見を楽しんだり、考えたり、それを生活に取り入れようとする。 身近な事象を見たり、考えたり、扱ったりする中で、物の性質や数量、文字などに対する感覚を豊かにする。					
言葉 自分の気持ちを言葉で表現する楽しさを味わう。 人の言葉や話などをよく聞き、自分の経験したことや考えたことを話し、伝え合う喜びを味わう。 日常生活に必要な言葉が分かるようになるとともに、絵本や物語などに親しみ、先生や友達と心を通わせる。					
表現 いろいろなものの美しさなどに対する豊かな感性をもつ。 感じたことや考えたことを自分なりに表現して楽しむ。 生活の中でイメージを豊かにし、様々な表現を楽しむ。					
出欠状況	備考	年度　年度　年度　年度 教育日数 出席日数 出席日数			

養護　子どもの生命の保持及び情緒の安定に関わる事項について記載すること。また、子どもの健康状態等について、特に留意する必要がある場合は記載すること。

学年の重点：年度当初に、教育課程や保育課程に基づき長期の見通しとして設定したものを記入

個人の重点：一年間を振り返って、当該子どもの指導について特に重視してきた点を記入

指導上参考となる事項：次の事項について記入すること。

　① 1年間の指導及び保育の過程と子どもの発達の姿について以下の事項を踏まえ記入すること。

　　・幼保連携型認定こども園教育・保育要領第2章「ねらい及び内容」に示された各領域のねらいを視点として、当該子どもの発達の実情から向上が著しいと思われるもの。その際、他の子どもとの比較や一定の基準に対する達成度についての評定によって捉えるものではないことに留意すること。

　　・園全体の生活を通して全体的、総合的に捉えた子どもの発達の姿。

　② 次の年度の指導に必要と考えられる配慮事項等について記入すること。

14章　入園から修了までの生活と発達の連続性を踏まえた要録作成

どもたちとともに考えてゆくことは，未来を担う人材の育成に携わる保育者の重要な課題なのである。何より第一に自然との共生を考えるうえで，子どもたちのうちに自然への畏敬の心を育むことは重要である。

そして子どもたちがこの畏敬の心を育んでゆけるように企図された実践として近年注目を浴びているのが「森のようちえん」の実践である。「森のようちえん」は，野外型保育の実践であり，子どもたちは自然のなかで活動し，四季の移り変わりをじかに体験する。自然のなかでさまざまな事柄に出会うことで，子どもたちは自然への親しみを感じることができる。自然のなかで，多くの発見をするなかで豊かな感性，想像力を育んでゆくのである。そして人間もまた自然のなかにあることを学び，自然に対する畏敬の念を育んでゆく。最初の「森のようちえん」は，1954年にデンマークでエラ・フラタウ夫人によって創設され，今日ではデンマークに70以上もの「森のようちえん」が存在している。この実践はデンマークからドイツに伝わり，今日では，ドイツでもおよそ400の「森のようちえん」が存在している。そしてわが国でもこの実践は広まりつつある。

ほかにも，「森のムッレ教室」の実践は実に興味深い。「ムッレ」（図14-4）とは架空の妖精の名である▶2。「森のムッレ教室」では妖精「ムッレ」が子どもたちに植物や動物の言葉を伝えることで，子どもたちは遊びやファンタジーを通じて自然との共生の重要性について学ぶことができるのである。「森のムッレ教室」は，森のなかで遊びながら，自然に対する思いやりの心（エコロジーの精神）を子どもたちのうちに育んでゆく実践である▶3。五感をとおして自然への畏敬の念を育んでゆくそのような実践は高く評価されてお

図14-4　ムッレ▶1

▶1　日本野外生活推進協会（森のムッレ協会）提供。

▶2　「ムッレ（Mulle）」はスウェーデン語で「土壌」を意味する「Mullen（ムッレン）」に由来しており，この名には土があらゆる生命の根源であるという思いが込められている。

▶3　「森のムッレ教室」は，1957年，スウェーデンの市民団体である「野外生活推進協会」の活動の1つとして生まれ，保育園教育に導入される形でスウェーデン全土に広がった。

191

り，こうした実践のなかで子どもたちは日々，驚きや感動の体験によって感性を磨いてゆくことが可能となっている。さらにこうした自然体験を通じて，子どもたちは，自然＝他者との関係の結び方や多様性に根ざしたものの見方を学ぶのである。自然のなかに1つとして同じものがないように，人間も1人ひとり，個性を有しており，1人として同じ人間はいない。幼児期における自然体験を通じて子どもたちは他者への配慮や互いを尊重し合うことの重要性を体全体で学んでゆくべきなのである。

2 幼稚園・保育所と小学校の交流
──学校との交流や地域社会との交流のなかで育つもの

■小学校（小学生）への憧れ

　現在，幼稚園・保育所と小学校の連携が重視されてきている。こうした幼小連携促進の背景の1つとして，小学校現場で問題視されている「小1プロブレム」があげられるだろう。これは，生活習慣が身に付いていない子どもたちが小学校入学直後にみせる問題行動のことである。これらの子どもたちは，授業中に先生の話を聞かずに騒いだり，集団行動をとることができずに授業を妨害したりする。幼稚園や保育所とは環境の異なる小学校に入学した子どもたちのなかで，環境に順応できずに問題行動をとる子が増えているのである。このような現状を受け，幼稚園・保育所と小学校とが一貫した流れのなかで円滑に教育を営んでゆくことが求められている。それぞれが固有の価値・課題を持ちつつも，互いに連携してゆく必要がある。幼小の連携を通じて，教員が相互に交流の場を持つことができ，相乗効果が期待できるのである。

　例えば，長野県茅野市の永明小学校では，小学5年生と保育園の年長児との異年齢交流活動（『保育園の子となかよく遊ぼう』）が実施され，年長児が学校の体育館で5年生と「輪投げ」「巨大だるま

14章　入園から修了までの生活と発達の連続性を踏まえた要録作成

おとし」などの遊びを行っている。そこでは異年齢交流計画のポイントとして，①園児たちが楽しめることを優先して遊びの内容を考える，②遊び道具を作るときには園児の安全面に気をつける，③園児たちになったつもりで試し，道具の大きさや重さ，色や飾りを工夫する，④園児の様子をみて優しく声をかけ，手を貸すなど，お互いに楽しくできるようにする，といった点があげられている。

　幼小の連携は幼児にとってメリットがあるだけではなく，小学生もまた幼児とかかわってゆくなかで，他者（弱者）への思いやりの心を育んでゆくことができ，幼児たちに規範を示すなかで年長者としての自覚を育むことにもなる。そして児童は幼児とのかかわりを通じて自分自身の成長も実感することとなる。さらに，小学生との関わりを通じて幼児は小学生に対して憧れや親しみを抱くことができ，近い将来に「こうなりたい」という明確なヴィジョンをもつことができる。小学生との交流はこのような効果を生むものであり，今後一層推進してゆくべき課題となるであろう。

■地域とともに歩む保育施設

　今後の保育を考えてゆくうえで，地域との連携もきわめて重要な要素となる。文科省に委託されて日本総合研究所が行った「地域の教育力に関する実態調査」（2006）によれば，大都市・中都市では半数以上，町村では約半数の保護者が自身の子ども時代に比べて地域の教育力が低下していると考えているのだという（図14-5）。

　こうした状況に呼応する形で，2017（平成29）年に告示された保育所保育指針の第2章の4（3）には，次のような項目が記されている。

　子どもの生活の連続性を踏まえ，家庭及び地域社会と連携して保育が展開されるよう配慮すること。その際，家庭や地域の機関及び団体の協力を得て，地域の自

> 然，高齢者や異年齢の子ども等を含む人材，行事，施設等の地域の資源を積極的に活用し，豊かな生活体験をはじめ保育内容の充実が図られるよう配慮すること。

　地域社会の結びつきの希薄さが問題視されている昨今において，保育施設には地域との連携，地域全体による子育ての拠点となることが期待されている。

3 未来を担う子どもたちの育成

■子どもの希望を育てる保育

　未来を生きる子どもたちが希望を持って生きてゆくことができるためには，何より保育者自身が，日々の生活のなかで生きることへの希望を胸に抱き，子どもたちと接してゆく必要がある。大人たちが希望を抱けない社会に，子どもたちだけが希望を抱くなどということは困難であろう。現代において少子化が深刻な問題となっているが，大人たちが希望を抱けない社会のなかで，いくら出産のための制度を整備しても，出生率の大幅な増加は期待できないとの指摘

▶4　日本総合研究所「地域の教育力に関する実態調査」報告（文部科学省委託調査），2006。

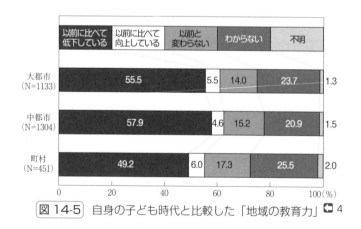

図14-5　自身の子ども時代と比較した「地域の教育力」 ▶4

14章 入園から修了までの生活と発達の連続性を踏まえた要録作成

がある。生きる希望に満ちた社会がそこになければ、子どもたちを育てようという意志はなかなか湧き起こらないというのである。出生率の低下という負のスパイラルからの脱却は、わが国における喫緊の課題ともいえるが、その改善のためには、社会自体が生きる希望に満ちていなければならない。そして保育者には未来を担う子どもの希望を育むという重大な課題が課せられている。そのためには保育者自身がいかに強く生きる希望を抱くことができているか、このことがきわめて重要である。

■外国への関心，他国との共生・協働について考える

近年、グローバル化が進行し、国家の垣根を越えて、地球規模で人、モノ、情報、技術、資本などが自在に行き来する時代が来ている。今後、そうした状況はさらに加速してゆくものと考えられる。このような現代を生きてゆくわれわれは、もはや諸外国に対して無関心ではいられないだろう。こうした事態は、保育に携わる者にとっても、もちろん無関係ではない。諸外国とのかかわりは何も海の向こう側でのみなされるだけでなく、保育者が身近な問題として考えてゆかねばならないことである。図14-6を見てほしい。この図は、わが国において、「父母ともに外国人あるいは父母の片方が外国人」である出生児の割合を示したものである（2003年の人口動態統計による）。

◁5　山田千明編『多文化に生きる子どもたち——乳幼児期からの異文化間教育』明石書店，2006, p.13。

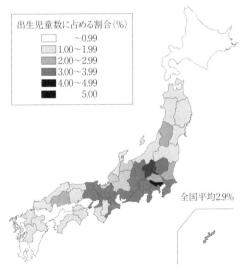

図14-6　父母の両方あるいは片方が外国人の出生児の割合 ▷5

195

日本における総出生率の2.9％，つまりおよそ35人に1人がこれに相当するのである。この数値はあくまでも全国平均の値であり，大都市部や外国人労働者の多い地域では，その割合はこれよりも大きい。また，日本保育協会が発表した調査報告書（2000年）によれば，全国2万2000カ所の保育所のうち，約2割程度の保育所で外国人保育が行われているのだという。

　表14-1が示すとおり，保育所に入所している児童の国籍もさまざまである。こうした数値は，今後グローバル化が進んでゆくなかで増加してゆくだろう。1980年代後半以降の外国籍住民の急増，国際結婚の増加などに伴い，保育の場において「多国籍化」「多文化化」が進行することは確実なのである。このような状況下で，保育の現場では子どもたちにいかなる働きかけを行ってゆけばよいのであろうか。保育者はこうした時代にあって多様な価値を認める存在である必要がある。「子どもはこうあるべきだ」と1つの価値基準から子どもを判断すること（一元的価値判断）は絶対に避けられるべきである。子ども同士が，「違い」を認め合い，互いを尊重してゆくことができるためには，誰より保育者自身が多元的な価値を尊重していなければならない。「違い」を認めることが，他者への関心を呼び起こし，ひいては自分自身の世界を広げてゆくことにつながってゆくのだということを，保育者は常に子どもたちに伝えて

◖▶6　日本保育協会「保育の国際化に関する調査研究報告書」2000；山田千明編『多文化に生きる子どもたち──乳幼児期からの異文化間教育』明石書店，2006，p. 30。

表14-1		国籍別保育所入所児童数（上位21カ国） ▶6					
1	中国・台湾・マカオ	4,115	8	タイ	138	15	ミャンマー	54
2	ブラジル	3,322	9	バングラデシュ	106	16	イギリス	54
3	韓国・北朝鮮	2,359	10	イラン	91	17	インド	46
4	フィリピン	1,105	11	インドネシア	84	18	カナダ	46
5	ペルー	1,043	12	フランス	75	19	ガーナ	42
6	ベトナム	450	13	パキスタン	69	20	ボリビア	40
7	アメリカ	399	14	アルゼンチン	55	21	ラオス	39

注）外国人受け入れ保育所254カ所の調査（調査時点1999年12月1日）　　　　　　（人）

14章　入園から修了までの生活と発達の連続性を踏まえた要録作成

ゆくべきなのである。

4 小学校教諭の声から──望ましい幼小の連携について

　私は小学1・2年生の担任を数年経て，現在，小学3年生の担任をしている。子どもたちは，音楽以外の学習はHRで私と一緒に学び，音楽の学習は専科の先生の部屋へ行って学んでいる。そのたびに，担任である私に向かって子どもたちは「いってきまーす」，そしてHRに帰ってくると「ただいまー」「今日は（音楽の学習で）こんなことしたよー」と声をかけてくれる。私も必ず，「いってらっしゃい」「おかえり」「（学習の内容を話す子に対して）そうだったの」と1人ひとりに声をかけるようにしている。まるで家庭の中で交わされるような会話であるが，HRの温かな雰囲気を大切にしようと考えている。

　以前は，幼稚園教諭になることを目指していたこともあり，言葉遣いが小学生向きでないと注意されることがあった。たとえば，幼稚園では「○○のことを知っているお友だちはいるかな？」と尋ねる。しかし，小学校では児童に向かって「お友だち」とは言わない。大人から見れば，幼稚園の年長児も小学校低学年もさほど変わりはないかもしれない。しかし，3月に卒園し，4月に小学校に入って「小学生」になれば，1人の児童となり，子どもに対して求められるものは根っこの部分から変わるのである。

　小学校現場には，「小1プロブレム」という言葉がある。小学校生活に馴染めず，授業中，席に座っていられない新1年生などの例があげられる。幼稚園教育要領には，「幼稚園教育と小学校教育との円滑な接続のため，幼児と児童の交流の機会を設けたり，小学校の教師との意見交換や合同の研究の機会を設けたりするなど，連携を図るようにすること」という文言が付され，幼小の連携について考えられていることが読み取れる。そこで，「小1プロブレム」に

197

ついて考えるために，以前勤務していた小学校と併設の幼稚園園長に2つの質問をしてみた。第一は，「幼稚園は，小1プロブレムをどうとらえているか」，第二は，「子どもが小学校へ上がるときの保護者の気持ちとはどのようなものなのか」についてである。この第二の質問を選んだのは，小学校教諭としての生活のなかで，幼児期から学童期へと移行する際，子どもだけでなく，保護者も不安を抱えているのではないかと感じたからである。

　第一の質問「幼稚園からみた小1プロブレム」について園長はおもな原因として，幼稚園と小学校における生活の「違い」，そして「地域社会における人間関係の縦のつながりの希薄さ」をあげた。その「違い」とは，小学校では時間割にもとづいた毎日であるが，幼稚園ではその日の子どもたちの様子に合わせ，柔軟性をもって保育者は日々の保育を行う，という違いであった。遊びを中心とした幼児期から学業中心の学童期への移行は，子どもにとっても大人にとっても大きな変化の1つといえる。いわば，幼小においては，その教育目的や教育方法の違いから，生活そのものに大きな違いが出てくるものと考えられよう。

　第二の質問「小学校へ上がるときの保護者の気持ち」については，「保護者も子どもたちと同様に不安でしょうね。とくに，第一子のお子様は」と答えていた。さらには，「幼稚園は子どもの様子などをかなり細かいところまで保護者に丁寧に報告されますが，小学校は幼稚園のようには学校の様子は細かく伝わらないようです」という園長の言葉から推測されることは，教諭による保護者への対応も，幼小では大きく変わるため，新1年生の保護者も不安を抱えやすいということである。親の不安はそのまま子どもに影響していく。親の不安が軽減されれば，子どもも落ち着いて学童期へと移行できるのではないだろうか。

　上記のことをまとめながら，これまで私がかかわってきた保育現場を思い返してみた。すると，確かに大きな「違い」があると感じ

198

14章　入園から修了までの生活と発達の連続性を踏まえた要録作成

た。たとえば，園生活における排泄の場面。たいていの園では，先生が行う排便への働きかけに応じて子どもがトイレへ動くというものがほとんどだった。しかし，小学生になると，そのときにトイレに行きたくなくても，休み時間に自分から進んでトイレに行っておかなくてはならないと学んでいくことになる。1時間の授業は45分間。その間，教師は授業に集中する雰囲気を作り，子どももそれを学んでいくのである。学童期は幼児期よりも社会性，自立性，あるいは自律性が求められるようになるといえる。また，小1プロブレムのおもな原因の1つとしてあげられた「地域における人間関係の縦のつながりの希薄さ」については，子どもたちの習いごとの多さによる多忙さや家庭間交流の少なさなどにより，就学前に小学校の状況を知る機会が少ないことから，親子双方の不安が増長されるという現実があると思われる。実際，1年生の担任として入学式を迎えた日は，保護者や子どもがこれから始まる小学校生活に対して漠然と抱いている不安をうかがうことがあった。幼少期の子どもは保護者と共に行動するため，保護者が率先して豊かな人間関係の構築を心がけることが，親子双方の不安の解消に役立つのではないかと感じている。

　さて，これまで述べてきたことをふまえて，小学校教諭である私は，この子たちに何ができるであろうか。そして，この文章を読んでおられる保育学生のみなさんへ何を伝えたらよいのであろうか。

　私は，1人の教育者として，毎日の限られた時間のなかで心がけていることがある。それは，クラスのどの子どもにも1日に1度は触れ合う機会を設けるということである。対話し，褒め，慰め，自分が教師であると同時に，児童のお姉さんであり，仲間でもあることを意識しながら，子どもの求めている対応を行えるように心がけている。これは，保育者にとっても大切な心がけだと思われる。

　子どもの健やかな成長・発達を考えるならば，本来は連続性が求められる幼稚園と小学校において，「小1プロブレム」といった問

199

題が生じていることは非常に残念なことである。子どもが安心して幼児期から学童期へと移行できるように，われわれがしなければならないことは，相互の共通点と相違点を深く理解しながら，1人ひとりの子どもの望ましい成長・発達のために努力を続けることではないだろうか。1人ひとりの教師，そして保育者の小さな努力の積み重ねが，子どもたちの笑顔を守り，子どもたちの心に日本の明るい未来へとつながるような希望も育てると，筆者は心から信じている。

参考文献

岡部翠編『幼児のための環境教育——スウェーデンからの贈りもの「森のムッレ教室」』新評論，2007

木村吉彦監修　茅野市教育委員会編『実践　接続期カリキュラム——育ちと学びをつなぐ「幼保小連携教育」の挑戦』ぎょうせい，2016

汐見稔幸『親子ストレス——少子社会の「育ちと育て」を考える』平凡社，2000

日本総合研究所　平成17年度文部科学省委託調査『「地域の教育力に関する実態調査」報告』2006

無藤隆『平成29年告示　幼稚園教育要領　保育所保育指針　幼保連携型認定子ども園教育・保育要領　3法令改訂（定）の要点とこれからの保育』チャイルド本社，2017

山田千明編『多文化に生きる子どもたち——乳幼児期からの異文化間教育』明石書店，2006

終章 母性的な保育者が育てる平和な心
——普遍的なカリキュラムを目指して

1 保育における母性の重要さ

　幼児教育の父といわれるフレーベル（Fröbel, F. W. A., 1782～1852）が，その晩年にたどり着いた思想は，人間教育の出発点は母の愛である，というものであった。その著作『母の歌と愛撫の歌』（1844）にあるように，母性愛と子どもの世話を結ぶ場が幼稚園（キンダーガルテン）であり，母性愛に恵まれない子どもには園の保育者がその役割を担うように希望していたのである。

　家庭用電化製品の充実，IT 技術の進歩による労働形態の変化，家族観や結婚観，そして子育て観の変化によって，21 世紀のいまを生きる人々にとって，子育てに母性愛が必要であるという考えは古いものである，というのが一般的なのかもしれない。しかしながら，どれほど科学技術が進歩しても，生まれたばかりのヒトを人間らしい人間に育てるのは，人間なのである。母性的な養育者の無条件的な受容を通して，子どもは安心して育つ存在である。母性的な養育者の温かなかかわりが，乳幼児のこころに人間への信頼を育てる。筆者は，乳幼児にとっては，母性的にかかわる保育者の存在が何よりも大切だと考えている。なぜならば，大半の乳幼児にとって，家庭から離れて初めて出会う教師は，保育者だからである。親と離れて初めて出会う教師が，愛に満ちており，分けへだてなく子どもたちを愛してくれるなら，保護者も子どももどれほど幸せなことであろう。子どもはみな，先生から愛されたいと願っている。保護者もわが子を先生に大切に育ててほしいと願っている。無条件的な受

容を行える心豊かな保育者は，子どもに希望を与える存在者である。
ぜひ，男性保育者も女性保育者も，乳幼児に対しての母性的なかか
わりを大切にしてほしい。親から離れて不安いっぱいの園児たちを，
どうか，母親的な温かさで受け入れてあげてほしいのである。その
うえで，園の社会のなかで必要なマナーや秩序，基本的な生活習慣
などを子どもに教えていってほしい。受容があってこそ信頼関係が
育つこと，保育者と子どもとの間に信頼があってこそ，よい保育が
行えるという保育の原点を忘れないでほしいと思う。

　さて，これまで，このテキストに通底させた保育における母性と
いう思想について述べてきた。これらをふまえて，カリキュラムを
実践する保育者という観点を，もう少し掘り下げて考えていこう。

2　カリキュラムを実践する保育者

　カリキュラムは，「このような子どもに育ってほしい」という願
いをこめて，大人である保育者たちが子どもたちのために作成した
ものである。そして，作成されたカリキュラムを実践に移すのは，
各クラスの保育者の仕事である。可視化されたカリキュラムは保育
の道標（みちしるべ）であり，誰がその計画をみても，その日，その週，その月・
期・年に目指すものが理解される必要がある。いわば，建築の設計
図のように，客観性が求められるのである。しかし，客観性をもつ
カリキュラムは，保育者をとおして実践へと移されると，そのクラ
ス，その場面，その子どもたちとのかかわりのなかで，唯一無二の
感動をもたらし，予想外の展開を呼び込み，子ども同士の育ち合い
をみせてくれる。そこに保育の醍醐味（だいごみ），保育のダイナミズムがある。
計画が実践へと移されていくその瞬間から，実践者のもつ技量・価
値観・生き方や教養に至る，それらすべてが同時に作用し合い，子
どもとの相互交流のなかで，きわめて独自性の高い保育が展開され
ることになる。そうした意味でも，保育者の仕事は，非常に創造的

終章　母性的な保育者が育てる平和な心

な仕事といえよう。子どもが成長過程にあり，日々変化し続ける存在であるからこそ，カリキュラムを実践するたびに，保育者と子どもは，いつも新しい感動を共有することができる。しかしながら，40年間，幼稚園に勤務した保育者が「私の保育実践において，満点の日は1日もありませんでした。毎日，反省していました」と述懐した言葉を聞くとき，保育の道の奥深さを知ることができる。子どもの幸せを願う保育者が，毎日，悩み，努力し，考え抜き，試行錯誤を繰り返しながら保育の道を歩む。こうした姿こそ，望ましい保育者のあり方といえるのではないだろうか。

　さて，カリキュラムは，どのような子どもに育てたいかという大人の願いを形にしたものであると説明した。これまで，このテキストを読んできたあなたは，どのような子どもを理想としているのであろうか。理想の子どもの姿を目指して作成されるもの，それがカリキュラムである。カリキュラムとは，この保育が何を目標とし，どこを目指していくのか，最終的な教育目標は何なのかを明確にするものである。理想とすべき子どもの姿，あるいは人間観をもたない教育は存在しない。日々の保育の計画を見直し，実践し，反省し，再度，計画を練り直すといった作業を繰り返すのも，理想へ向けての努力なのである。

　それでは，進むべき方向が理想であるのならば，出発点はどこなのであろうか。それは，現実の子どもの姿である。いま，ここに，目の前にいる子どもがカリキュラムの出発点なのである。現実の子どもに学び，現実の子どもの望みに応えながら，カリキュラムは作成される。もちろん，国の規定に準拠し，それに基づくことは大切である。しかし，それを基礎として，各園のカリキュラムはきわめて独自性のあるものとなっている。それは，カリキュラムが，地域性，歴史性，親の要望，園の沿革などの影響を受けながら，現実の子どもの姿を出発点として，理想の子どもの姿を追い求めつつ，園の教職員が協力して作成していくものだからなのである。

こうした組織体系のなかでカリキュラムは作成され，具体化され，日々の保育の実践を行うために，なくてはならないものになっている。客観的な特徴をもつ可視化されたカリキュラムが，実際に保育実践へと移行するとき，保育者の人間性や保育の技量など多面的な要素が融合し，子どもたちとの交流のなかで，感動・融和・調和・共感の場面をもたらすのである。こうしてみると，保育者の人間性や技量を磨きあげることは，保育者にとっての重要な課題であるとわかるであろう。子どもの生命に奉仕する保育者として，自身の内面を育て，同時に外面的な技量をも育てることは，保育者の使命であるといえるであろう。それでは，これまで述べたことをもとにして，いまいちど，カリキュラムの原点について考察をしてみよう。

3 普遍的なカリキュラムを求めて

　カリキュラムはなぜ必要なのか。その必要性について考えるために，1つの例をあげてみよう。

　あなたたちが育つ間，家庭ではカリキュラムはあったであろうか。子どもの教育をはじめる場所は家庭である。親は家庭教育者として，子どもに授乳し，世話し，食べさせ，眠らせ，運動させ，遊ばせる。1人の赤ん坊が這い，立ち上がり，歩き，走り……と，成長する過程を見守り，ゆくゆくは社会で独り立ちできるように，その文化・社会で求められるマナーを教え，しつけていく。ある国では箸を使い食べるように，ある国ではナイフとフォークを教える。そして，親は言葉を教え，両親が話す言葉を子どもは覚える。家庭によっては，綿密に1人ひとりの子どもに対して，カリキュラムを作成し，それを実践する家庭もあるのかもしれないが，大半の家庭で親は自分の生活している文化のなかで，親から教えられたように子どもを育てていくものであろう。

　こうしてみると，カリキュラムとは，集団生活のなかで，複数の

終章　母性的な保育者が育てる平和な心

教師（保育者）が，子どもたちにかかわることを前提にして作成されている，といえるのではないだろうか。そのために，カリキュラムには客観性が求められ，指針が必要となる。さらに，作成するために教職員の協力が必要であり，理想とする子どもの姿についての話し合いや，現実の子どもの姿に対しての共通理解が求められる。そうした仕組みのなかで作成されたカリキュラムは，年間・期間・月間・週案へと具体化されていき，最終的には，各クラスの日々の保育案（日案）となっていく。

　それでは，カリキュラムの必要性について述べてきたが，カリキュラムに普遍性はあるのであろうか。そこで，この章の最後に，普遍的なカリキュラムの可能性について考えてみることにしよう。その手がかりとして，現代のイタリアの 8 割の保育施設で取り入れられているアガッツィ思想の発案者である，アガッツィ姉妹（Agazzi, Rosa & Carolina, Rosa, 1866 〜 1951, Carolina, 1870 〜 1945）のカリキュラムについての言葉を紹介したいと思う。そして，その理解を深めるために，日本では知られていないアガッツィ法について，概略を以下に記す。

　フレーベル主義をイタリアの子どものために刷新させた姉妹は，1895 年に北イタリア・モンピアーノという町でアガッツィ主義幼稚園（母親学校）を始めた。アガッツィ主義幼稚園では，教師のモデルは家庭の母親と定義されている。幼稚園（母親学校）は大きな家族であり，園児たちは家庭のなかの子どもたちのようにきょうだいとして助け合うことが求められた。1 世紀以上前に始められたアガッツィ法は，現代においてもイタリアにおける普遍的な幼児教育法として浸透している。姉妹が家庭の母親を教師のモデルとしたのは，フレーベルの母性愛の思想を受け継いだという点があげられるであろう。それに加えて，イタリアではローマ時代から家庭教育者としての母親の存在が重要視されてきた伝統があること，そして聖母マリアという超越的な存在が民衆の母親モデルとして確固たる地

位を築いているという点も見逃せない。

　アガッツィ姉妹は，幼稚園という共同体で，子どもたちが市民になるために不可欠な義務と権利の概念を習得することを目指した。ここで注意する点としては，アガッツィ姉妹が，子どもは国境を超える存在であるととらえていたことである。いわば，アガッツィ姉妹の市民という概念は，21世紀を迎えた現代における地球市民という概念と共通するものなのである。

　自由を与えられた人間存在が，自分の権利を守ると同時に，他者の権利を守る義務を有していることは忘れてはならない。そして，現代においては，自国の利益だけでなく，他国の利益をも考える人間に育つことが求められている。こうした自他の利益双方のバランスを取ることのできる人材の育成，いわば，世界平和を目指す人材を育成するための教育——善き市民になるための教育——という観点は，日本の保育界においても重要なものといえるであろう。

　アガッツィ姉妹は，義務と権利を学ぶ場としての幼稚園になくてはならない存在者が母性的な手触りで子どもにかかわる教師であると述べている。なぜならば，母性的なかかわり，情緒的なかかわりこそ，子どもの心の平安の源であると姉妹は考えたからである。幼児期のこころの平安こそ，平和な世界，平和な社会を望む大人になるために，必要不可欠なものだからである。

　若い同僚たちよ。私に細かいカリキュラムを求めないようにしなさい。教育するものにとって，書かれたカリキュラムは必要でしょう。でも，もうひとつ，必要となるカリキュラムは，あなた方の頭のなかに記されているものです。子どもを見るときは，彼らを全人的に見るように。子どもを見るときは，健康，善，考察，働くこと（活動），マナー（市民としてのマナー），自己と他者との関係において自分自身もお友だちも大切にしているかについて注意しなさい。何よりも，子どもの感情（sentimento）に応えなければなりません。教育の営みのなかでは思いもかけないことが起こるものです。あなた方はそれにいつも応えねばなりません。そして，教

終章　母性的な保育者が育てる平和な心

師は，いつも子どもの傍らにあり，彼らの反応に応えなければなりません。▶ 1

　普遍的なカリキュラムが，もし，この世にあるとするならば，世界平和を目標として作成されたカリキュラムではないだろうか。そのためにもっとも大切なのは，母性愛に満ちた教師の存在である。平和な心をもった教師は，平和を愛する心を子どもの内面に育てる。平和な心をもった保育者は，不完全な自分を自覚し，同時に，周囲に支えられている自分も自覚し，感謝の心で生活するであろう。そして，平和な心をもった保育者は，子どもを善い人間に育てるために，自身も善い生き方を子どもに見せられるように努めるのである。

　文字化されたカリキュラムを実践する保育者が，平和な心をもった人であるならば，保育実践をとおして，平和の種，その小さな種は，かならずや，子ども 1 人ひとりの心に根づいていくことであろう。

▶ 1　Agazzi, R., " Guida per le educatrice dell' infanzia (annata 1929-30)", Editrice La Scuola, 1976, p.16.

207

索 引

■数 字

3つの柱　13, 52, 111
　→育みたい資質・能力も参照
5領域　21, 38, 84, 87-88, 109
10の姿　13, 28, 52
　→「幼児期の終わりまでに育ってほしい姿」も
　参照

■アルファベット

förskola　→フォーシュコーラ
PDCAサイクル　34-35, 38, 60, 66, 164, 173, 175-
　176

■あ 行

愛着　80, 88
アガッツィ法　205
アクティブ・ラーニング　111
預かり保育　9, 14, 17, 56, 60
アプローチカリキュラム　119
生きる力　22, 51, 75, 78, 86, 88, 100, 119
エピソード　29, 148
園外保育　38, 40
園行事　174, 177
援助　8, 18, 28, 37, 41-42, 46, 53, 57, 64, 73-75,
　82, 89, 112-113, 131, 134-135, 142, 163, 180
延長保育　10-11, 17, 53, 56, 91

■か 行

外部からの評価　173-174
隠されたカリキュラム　70-72
学校関係者評価　161
学校教育法　9, 14, 50-51, 87, 94-96, 99, 160-161
家庭的保育事業　103
家庭との連携　43, 46, 57, 104, 122, 124
カリキュラム　55, 66, 69-71, 91, 94, 102, 104-106,
　115, 119-120, 201-207
カリキュラム・マネジメント　19, 34, 59-60, 66-
　67, 96, 120-121

環境構成　24, 28, 37, 46, 56, 74-76, 90-91, 131-
　134
環境設定　20, 95, 180
環境を通して行う保育　7, 60, 78
教育課程　8-9, 12-18, 21, 51, 55-56, 58-60, 63, 66,
　89, 94-96, 100, 122, 126, 131, 170-179, 183-184
クラス集団　104, 182
倉橋惣三　80
計画と評価　20, 98
顕在カリキュラム　70-71
現実の子ども　67-69, 71, 203, 205
個人記録　27-28, 148
子育て支援　11, 14, 17, 60, 122-123, 128
子どもの最善の利益　53, 57, 66, 105-106
子どもの発達段階　21, 127
個別の教育支援計画　56
個別の指導計画　56

■さ 行

自己決定の尊重　123, 125-126
自己点検　27
自己評価　27, 43, 49, 60, 160-169, 172-174, 181
シティズンシップ教育　105
指導案　132, 134, 157
指導計画　10-11, 18-19, 38-39, 41-47, 51, 55-64,
　66-69, 71-75, 80, 86, 89-90, 98, 107-109, 112-
　113, 118, 120-121, 131-134, 137, 140, 144-145,
　163, 165, 170, 173-181, 183-184
指導計画の一貫性　74
指導計画の仮説性　74
指導計画の作成　48, 51, 57, 59-60, 72-73, 75, 131-
　133
指導計画の柔軟性　74
児童相談所　129
児童の権利に関する条約　14, 149
児童福祉施設の設備及び運営に関する基準　10,
　14, 52, 97
児童福祉法　14, 97, 125, 162
指導要録　→幼稚園幼児指導要録

社会情動的スキル　78
週案　90, 177, 205
受容的態度　124
小1プロブレム　118, 192, 197-199
生涯発達　179
食育計画　10, 56, 98
スタートカリキュラム　119
生活基盤型保育　91
「生活を生活で生活へ」　91
接続カリキュラム　119
全国保育士会倫理綱領　125
全体的な計画　8-19, 55-60, 66-68, 71, 75, 96, 98,
　101-103, 122, 170-176, 179, 183
総合的な指導　14, 37
ソーシャルワーク　123, 127

■た　行

第三者評価　30, 161-163, 174
短期指導計画　89-90, 177-179
地域子育て支援拠点事業　53, 129-130
地域社会　13, 18, 26, 34, 56, 124, 128, 160, 182,
　192-194, 198
地域との連携　61, 104-105, 117, 193-194
長期指導計画　89, 173-174, 177-179, 181
統合保育　25, 103
ドキュメンテーション　92, 105

■な　行

内部評価　29, 173
日案　90, 177, 205
乳児保育所　102
認定こども園こども要録　185, 187, 189

■は　行

育みたい資質・能力　12-13, 46, 52, 55, 84, 111,
　172
発達課題　86
発達過程　10, 14-15, 35, 48, 53, 61, 84, 103, 170
非認知的能力　78
評価の観点　21
フォーシュコーラ　92
プライバシーの保護　123, 125

フレーベル，F. W. A.　201, 205
プロジェクト型保育　101
保育アセスメント　172, 176-177
保育課程　8-10, 56, 89, 122, 131, 171
保育カンファレンス　155, 166, 180
保育所児童保育要録　185, 187-188
保育所保育指針　9-10, 21, 34, 52, 57, 60, 84, 87-
　88, 91, 97, 105, 122, 126, 171, 185, 187, 193
保育の計画　8, 17, 19-20, 34, 43, 50, 56-57, 59-60,
　62-63, 67, 72, 97-98, 101-104, 106, 122, 157,
　163-164, 170, 173, 178, 182, 184, 203
保育の質　8, 10, 12, 20, 28-30, 34-35, 49, 59-60,
　66, 94, 96-98, 100, 106, 131, 145, 159-160, 163-
　164, 167, 172, 175
保育の展開　8, 73, 86, 165, 180
保育の目標　56, 66-67, 69, 98
保健計画　10, 55-56, 98
母性的な保育者　66, 77-78, 80, 201

■ま　行

学びの経験　71
学びの連続性　179, 187
森のムッレ教室　191
森のようちえん　191

■や　行

養護　46, 53-54, 57, 86-88, 91, 93, 97, 165
「幼児期の終わりまでに育ってほしい姿」　12-13,
　28, 55, 67, 71, 96, 100, 111, 172, 176, 179, 181
幼小連携　118, 192
幼稚園教育要領　8-9, 21, 50-51, 54-55, 57, 60, 84,
　87-88, 91, 122, 124, 126, 129, 171, 181, 185, 197
幼稚園幼児指導要録　185-187
幼保連携型認定こども園教育・保育要領　99, 122,
　171

209

編　者

佐藤　哲也　宮城教育大学

執筆者〈執筆順〉

小山　みずえ　（1章）武蔵野短期大学

小野　真喜子　（2章）聖和学園短期大学

山本　淳子　（3・4章）大阪キリスト教短期大学

榊原　志保　（5章）大阪成蹊短期大学

吉次　豊見　（6章）大阪成蹊大学

髙田　文子　（7章）白梅学園大学

仲地　あやの　（8章）すずらんの会・沖縄県

梅野　和人　（9章）四天王寺大学短期大学部

田井　敦子　（10章）姫路大学

石川　恵美　（11章）兵庫大学短期大学部

布村　志保　（12章）頌栄短期大学

飯塚　恭一郎　（13章）純真短期大学

井藤　元　（14章 123）東京理科大学

大浦　佐紀美　（14章 4）和歌山市立有功東小学校

鈴木　昌世　（終章）元大阪成蹊大学教授　（編者が加筆修正）

子どもの心によりそう

保育・教育課程論〔改訂版〕

2018 年 3 月 30 日　　初版第 1 刷発行
2022 年 2 月 10 日　　　第 4 刷発行

編　者　　佐　藤　哲　也
発行者　　宮　下　基　幸
発行所　　福村出版株式会社

〒 113-0034　東京都文京区湯島 2-14-11
電話　03-5812-9702　FAX　03-5812-9705
https://www.fukumura.co.jp
印刷　株式会社文化カラー印刷
製本　協栄製本株式会社

©Tetsuya Sato 2018
Printed in Japan
ISBN978-4-571-11609-4 C3337
定価はカバーに表示してあります。
乱丁・落丁本はお取替えいたします。

福村出版◆好評図書

佐藤哲也 編
子どもの心によりそう
保 育 原 理〔改訂版〕
◎2,100円　　ISBN978-4-571-11606-3　C3337

子どもの置かれている現状を理解し，子どもたちの健やかな成長と豊かな未来へつながる保育の本質を考える。

佐藤哲也 編
子どもの心によりそう
保 育 内 容 総 論〔改訂版〕
◎2,100円　　ISBN978-4-571-11607-0　C3337

幼い子どもたちの健やかな育ちに求められる保育内容を，新要領・指針に即して基本から実践まで多面的に解説。

佐藤哲也 編
子どもの心によりそう
保 育 者 論〔改訂版〕
◎2,100円　　ISBN978-4-571-11608-7　C3337

子どもを全面的に受容しつつ，その成長と自立を促すにはどうすべきか。保育者に不可欠な技術と哲学を解説。

吉田貴子・水田聖一・生田貞子 編著
新・保育実践を支える
保 育 の 原 理
◎2,100円　　ISBN978-4-571-11610-0　C3337

子どもをとりまく環境の変化に対応し，保護者に寄り添う保育を学ぶ。保育学の全貌をつかむのに最適な入門書。

中村 恵・水田聖一・生田貞子 編著
新・保育実践を支える
保 育 内 容 総 論
◎2,100円　　ISBN978-4-571-11611-7　C3337

子どもの発達段階を踏まえた質の高い保育内容と保育実践のあり方を，総論的な観点から平易に説く入門書。

吉田 淳・横井一之 編著
新・保育実践を支える
環 境
◎2,100円　　ISBN978-4-571-11614-8　C3337

子ども達の適応力・情操・育つ力を引き出す環境の作り方を多角的に解説。図版と写真が豊富で分かりやすい。

成田朋子 編著
新・保育実践を支える
人 間 関 係
◎2,100円　　ISBN978-4-571-11613-1　C3337

人と関わる力をいかに育むかを，子どもの発達の基礎をおさえ，実際の指導計画と実践事例を掲載しながら解説。

◎価格は**本体価格**です。